Colloquial

Portuguese of Brazil

This new and completely revised edition of *Colloquial Portuguese of Brazil* provides a step-by-step course in Portuguese as it is written and spoken in Brazil today. Combining a user-friendly approach with a thorough treatment of the language, it equips learners with the essential skills needed to communicate confidently and effectively in Brazilian Portuguese in a broad range of situations. No prior knowledge of the language is required.

Features include:

- progressive coverage of speaking, listening, reading and writing skills;
- structured, jargon-free explanations of grammar;
- an extensive range of focused and stimulating exercises;
- realistic and entertaining dialogues covering a broad variety of scenarios;
- useful vocabulary lists throughout the text.

Balanced, comprehensive and rewarding, *Colloquial Portuguese of Brazil* will be an indispensable resource both for independent learners and students taking courses in Brazilian Portuguese.

Colloquials are now supported by FREE AUDIO available online. All audio tracks referenced within the text are free to stream or download from www.routledge.com/cw/colloquials. Recorded by native speakers, the audio complements the book and will help enhance learners' listening and speaking skills.

By the end of this course, you will be at level A1 to A2 of the Common European Framework for Languages and Novice Low to Mid on the ACTFL proficiency scales.

Colloquial
Portuguese
of Brazil

The Complete Course for Beginners

Viviane Gontijo, Ph.D.

Routledge
Taylor & Francis Group

LONDON AND NEW YORK

Third edition published 2017
by Routledge
2 Park Square, Milton Park, Abingdon, Oxon OX14 4RN

and by Routledge
711 Third Avenue, New York, NY 10017

Routledge is an imprint of the Taylor & Francis Group, an informa business

© 2017 Viviane Gontijo

First edition published by Routledge 1997
Second edition published by Routledge 2002

British Library Cataloguing in Publication Data
A catalogue record for this book is available from the British Library

Library of Congress Cataloging in Publication Data
Names: Gontijo, Viviane, author.
Title: Colloquial Portuguese of Brazil : the complete course for beginners / Esmenia Simäoes Osborne, Joäao Sampaio and Barbara McIntyre.
Description: Third Edition / Viviane Gontijo. | Milton Park, Abingdon, Oxon ; New York, NY : Routledge, [2016] | Series: The Colloquial Series | English and Portuguese. | Second edition was written by: Esmenia Simäoes Osborne, Joäao Sampaio and Barbara McIntyre, 2003. | Includes index.
Identifiers: LCCN 2015047614| ISBN 9780415743969 (pbk. : alk. paper) | ISBN 9781315813301 (ebook)
Subjects: LCSH: Portuguese language—Textbooks for foreign speakers—English. | Portuguese language—Spoken Portuguese—Brazil.
Classification: LCC PC5075.E5 S27 2016 | DDC 469.7/981—dc23
LC record available at http://lccn.loc.gov/2015047614

ISBN: 978-0-415-74396-9 (pbk)
ISBN: 978-1-315-81330-1 (ebk)

Typeset in Avant Garde and Helvetica
by Swales & Willis Ltd, Exeter, Devon, UK
Illustrations were created for this title by Nicolas Sena dos Santos Teixeira

Contents

1   Muito prazer!   1
It is nice to meet you!

> **At the end of this unit, you will be able to:**
>
> - introduce yourself, greet people, and use personal titles in formal and informal contexts
> - talk about places of origin
> - adequately use the personal pronouns *você*, *tu* and *a gente*
> - vocalize the letters of the Brazilian Portuguese alphabet
> - use the subject pronouns and the present indicative of the verbs SER and ESTAR (to be)
> - use the definite and indefinite articles

2   Alô! Quem fala?   20
Hello! Who is this?

> **At the end of this unit, you will be able to:**
>
> - use descriptive adjectives and cardinal numbers (1–100)
> - tell the time, the days of the week and the months of the year
> - use the appropriate gender and number of nouns
> - describe yourself and others
> - talk about age

- understand the use of the verb TER
- express states of being
- use expressions with the verb ESTAR

At the end of this unit, you will be able to:

- talk about food, eating habits, healthy foods
- talk about your likes and dislikes, how to ask for a table and ordering food in a restaurant and in a snack bar
- express agreement or disagreement
- use the present tense of regular and irregular verbs
- use adjectives and adverbs

At the end of this unit, you will be able to:

- describe people both physically and psychologically
- talk about family relationships and events
- use possessive adjective pronouns
- use the preterit of regular and irregular verbs
- describe events in past

At the end of this unit, you will be able to:

- participate in a conversation about commemorative dates and Brazilian traditions
- master the use of the preterit (simple past)
- use the preterit imperfect of indicative
- understand the contrast between the perfect and imperfect (preterit)
- make comparisons

At the end of this unit, you will be able to:

- book a flight, rent a car, use public transportation, and schedule a taxi ride
- talk about types of transportation, community events
- be familiar with expressions used when getting around in Brazil
- use the imperative and its peculiarities
- use the prepositions PARA and POR

At the end of this unit, you will be able to:

- talk about events and invitations
- use small talk to extend, accept and refuse invitations
- express past experiences and future plans
- use the future subjunctive
- compare and contrast the future indicative and future subjunctive

At the end of this unit, you will be able to:

- discuss sports and leisure activities
- talk about the climate and the weather
- use the present subjunctive
- state possibilities and probabilities for leisure

At the end of this unit, you will be able to:

- talk about shopping for clothing, shoes and accessories
- ask questions about types of clothing, sizes, materials, and quantities

- use the conditional in formal and informal settings
- understand and use direct object pronouns
- talk about selection, requests, and forms of payment

At the end of this unit, you will be able to:

- discuss environmental issues
- talk about recycling and "green living"
- give opinions and express concerns
- use the imperfect subjunctive

At the end of this unit, you will be able to:

- discuss the use of the internet in the Brazilian society
- talk about behaviors towards technology and social networks
- use vocabulary for virtual environment
- write formal and informal emails
- use the impersonal and personal infinitive

Introduction

Welcome to Colloquial Portuguese of Brazil!

This text is designed for those who intend to learn the language as it is spoken and written in Brazil today, and is specially developed for learners with little or no prior knowledge of Portuguese.

This volume has been organized with one major goal in mind: to help learners acquire the four language skills of speaking, listening, reading, and writing in order to communicate with speakers of Brazilian Portuguese in various contexts. With English speakers in mind, this 14-unit course aims directly at the goal of familiarizing learners with aspects of Brazilian culture through up-to-date and authentic dialogues and readings that reflect contemporary life in Brazil, and tasks that lead to practicing the topics covered in each unit. Every attempt has been made to present modern Portuguese spoken in the streets of Brazil, and to create an exceptionally user-friendly manual that presents real-life situations through non-artificial language used in the dialogues, an accurate and straightforward description of content, clear and succinct grammar explanations, and a variety of vocabulary presented in a contextualized manner. In addition, listening activities, audio resources, and a simplified guide to pronunciation have been thoughtfully developed to provide learners with a clear understanding of the phonological system of Brazilian Portuguese, enhance listening comprehension and help with mastering pronunciation. This complete one-year course covers the main points of contemporary Brazilian Portuguese, including such intricacies as the personal infinitive, the future subjunctive, and functions of the language, in an original and fun way.

As a linguist, I have made every effort to organize this volume in a way that reflects the language used in the Brazilian milieu illustrating the two "varieties" of the same language (formal and colloquial), all that while considering the social and geographical variations of the language of Brazil. In day-to-day life, no Brazilian would say "eu o amo", but rather, they would say "eu amo ele" or simply "amo", omitting the object pronoun altogether. Equally rare would be to hear a native speaker say "*estou* muito cansado"; instead we would hear "*tô* muito cansado". Learning Brazilian Portuguese entails acquiring both formal and colloquial varieties of the language, and this material puts the learner in meaningful contact with both.

After 10 years of experience teaching Portuguese as a foreign language, I am aware that learning a new language is an intricate, multifaceted, and challenging process that requires receiving input in the target language, demands time, discipline, and motivation. With that in mind, I have developed activities to help motivate the learner to initiate the daunting task of learning this new language. I also offer a wide range of relevant themes that illustrate Portuguese used by Brazilians from different regions and of all walks of life. Aside from the linguistic aspects, a unique feature of this book are the "Para escutar" blurbs, which suggest carefully selected music to help learners master each theme and grammar structure presented, as well as learn a little more about Brazilian culture. Conceived as a self-study tool, yet easily adaptable for classroom use, this book offers a flexibility that makes it indispensable for a variety of learning scenarios.

If this material helps ease your journey to become an effective novice speaker of Brazilian Portuguese, to better comprehend the subtleties of the language, and to perceive its beauty, then my mission as the author of *Colloquial Portuguese of Brazil* has been accomplished.

A guide to Brazilian Portuguese pronunciation
(Audio 1:2)

The alphabet in Portuguese has 26 letters. K, W, X, and Y are rarely used and mostly found in borrowed words. The sounds of the letters vary depending on the phonological environment.

Letter	Name	Example	Approximate English correspondence
A	a	casa	father
B	Bê	beijo	bingo
C	Cê	cesta	cement
D	Dê	dedo	Daniel
E	é / ê	este	fake
F	Éfi	efeitos	faith
G	Gê	gelo	pleasure
H	Agá	hoje	silent
I	I	ideia	see
J	Jota	juiz	seizure
K	Ká	kiwi	kayak
L	Ele	limonada	letter
M	Eme	minha	mouth
N	Ene	neve	neither
O	ó/ô	óbvio	owl
P	Pê	paz	pasta
Q	Quê	queijo	kelly
R	Erre	rio	happy
S	Ésse	susto	sensitive
T	Tê	tempo	staple

U	U	**ú**nico	**tu**ba
V	Vê	**v**eja	**v**ow
W	Dáblio	**w**eb	**w**eb
X	Chis	**x**ilindró	**sh**utter
Y	Ípsilon		
Z	Zê	**z**ero	**z**ero

Some special letters and consonantal combinations (Audio 1.3–1.4)

C-cedilha [Ç] is a special letter. It sounds like **S** in English and is followed by **a**, **o** or **u**, but is never used with -**e** and -**i** (i.e. ca**ç**a, caro**ç**o, cupua**ç**u).

CH is always followed by vowels and sounds like [**SH**] in American English as in the word **sh**ine (i.e. **ch**amar, **ch**uva).

LH usually goes before vowels and sounds almost as the combination of [**LL**] in American English as in the word sca**ll**ion (i.e. esco**lh**a, traba**lh**o).

NH usually precedes vowels and sounds almost like the combination of [**NY**] in American English, ca**ny**on, for example (i.e. ma**nh**ã, enge**nh**o).

Some of the consonants in Portuguese can be pronounced in different ways and most of them have more than one sound.

M at the beginning of a word sounds like m in English. If [**M**] is the last letter of the word as in b**em,** it is not pronounced, but the vowel **E** and any other vowel that precedes it is nasalized.

R has (at least) three different sounds: if it is the first letter of the word (**r**io) is after [**N**] as in en**r**edo, or in [**RR**] as in ca**rr**o it sounds (almost) like [**H**] in **h**appy. If [**R**] is placed between vowels, it sounds like *ladder* [**DD**] in American English as in ca**r**o. The final R varies between these sounds depending on regional variation.

S has three different sounds: if it is the first letter of the word, is after [**N**] or [**L**], or in [**SS**], it sounds like [**S**] in English (i.e. **s**adio, en**s**opado, pa**ss**ar) If S is between vowels, it sounds like [**Z**] in English (i.e. ca**s**a) At the end of the syllable or the word it is pronounced [**S**] or [ʃ] as in vani**sh**, depending on regional accent.

The accents

(À) – CRASE: Crase only occurs on A and before feminine words, never before verbs – Vamos à praia.

(Ã/Õ) – TILDE: Used to sinalize nasal sounds – manhã, avião, põe.

(Ç) – C- CEDILHA: Only occurs before /a/, /o/ or /u/ – ça, ço, çu – never with /e/ or /i/.

(É) – AGUDO: Used to sinalize open sounds of vowels – Amapá, café, pé, avó.

(Ê) – CIRCUNFLEXO: Used to sinalize close sounds – consequência, inglês, avô.

The sounds of the vowels (Audio 1:5)

A	E	I	O	U
[ə] – a weak sound that appears at the end of the word with or without **s** (i.e. massa) as in *but* in American English (AE)	[e] – occurs as part of a diphthong. It is pronounced as '**a**' in AE day (i.e. m**e**do; **e**ta)	[j] – semi-vowel pronounced just like y in day (i.e. fui, ai, frio)	[ɔ] – an open vowel pronounced as the "a" in wall (i.e. vovó, pó). It comes with an acute accent or in the diphthong ol [ɔw] as in s**o**l, futeb**o**l, v**o**lto	[u] – does not vary as much as the other vowels. It is pronounced as u in moose in American English; (i.e. Caruaru, pau, urubu, útil).

[a] – open sound that occurs at the beginning of the word or when stressed (i.e. amor) as in cart in AE

[ɛ] – appears stressed or unstressed (i.e. bebe, pele), and it is pronounced as pet in AE

[ĩ] – nasal vowel followed by n, m, nh (i.e. incrível, impossível)

[o] – pronounced as o in no in AE (i.e. dou, avô, cortou)

O [ũ] nasal is pronounced as in moon in American English; (i.e. unha, untado, mundo).

[ã] – nasal sound before m, n, or nh (i.e. anjo)

[ẽ] – nasal sound that precedes m, nh, or n (i.e. empurrar, engenheiro)

[i] – sounds like [ee] in see. It is a long vowel when represented by i and a short vowel when represented by e (i.e. fiz, giz, perigo, pedido)

[õ] – nasal vowel followed by n, m, nh or indicated by a tilde (i.e. ombro, onça, conhecer)

[i] – oral vowel that appears at the end of the words or in monosyllables (i.e. de, depende)

[u] – last letter of a syllable usually pronounced as u (i.e. chamo, logo)

The sounds of the vowels: Listen to the examples and repeat.

The sounds of A – massa, amor, anjo.

The sounds of E – medo, eta; bebe, pele, empurrar, engenheiro, de, depende.

The sounds of I – fui, ai, frio, incrível, impossível, fiz, giz, perigo, pedido, ti, pedi, bebi.

The sounds of O – vovó, pó, sol, futebol, volto dou, avô, cortou, ombro, onça, conhecer.

The sounds of U – Caruaru, pau, urubu, útil, unha, untado, mundo.

Unit One
Muito prazer!

It is nice to meet you!

At the end of this unit, you will be able to:

- introduce yourself, greet people, and use personal titles in formal and informal contexts
- talk about places of origin
- adequately use the personal pronouns *você, tu* and *a gente*
- vocalize the letters of the Brazilian Portuguese alphabet
- use the subject pronouns and the present indicative of the verbs SER and ESTAR (to be)
- use the definite and indefinite articles

Diálogo 1: Bom dia! (Audio 1.6)

Informal context – Márcia is introducing herself to Érica at the bookstore.

MÁRCIA: Bom dia! Como é o seu nome?
ÉRICA: Bom dia! Meu nome é Érica, e o seu?
MÁRCIA: Muito prazer, Érica. Meu nome é Márcia.
ÉRICA: Prazer, Márcia.

Dialogue 1

MÁRCIA: Good morning! What is your name?
ÉRICA: Good morning! My name is Érica, and yours?
MÁRCIA: It is very nice meeting you, Érica. My name is Márcia.
ÉRICA: It is my pleasure, Márcia.

Diálogo 2: Muito Prazer! (Audio 1.7)

HENRIQUE: Boa tarde. Qual é o seu nome?
ANDREIA: O meu nome é Andreia, e o seu?
HENRIQUE: Muito prazer, Andreia. O meu nome é Henrique. Como vai?
ANDREIA: Prazer, Henrique. Vou bem e você?
HENRIQUE: Ótimo! Obrigado.
ANDREIA: Até mais!
HENRIQUE: Até logo!

Atenção!
In Brazilian Portuguese, there are at least three different ways to ask somebody's name: *Qual é o seu nome?* and *Como é o seu nome?* in informal contexts, and *Como o senhor (a senhora) se chama?* in a formal context.

Dialogue 2: It is very nice to meet you!

HENRIQUE: Good afternoon! What is your name?
ANDRÉA: My name is Andréa, and yours?
HENRIQUE: Nice to meet you, Andréa. My name is Henrique. How have you been?
ANDRÉA: Nice to meet you, Henrique. I am well, and you?
HENRIQUE: Great! Thank you.
ANDRÉA: See you later!
HENRIQUE: See you soon!

Exercício 1

Em suas palavras. Complete o diálogo usando as palavras do quadro abaixo. *Complete the dialogue using the words given below.*

> SEU – BEM – LOGO – QUAL – O – MEU – EU – ME – PRAZER
> CHAMO – PRAZER – TUDO – VAI – ATÉ – É – NOME –
> TALES – MUITO

Ana: Oi! Boa tarde! ____ ____ nome _____ _____. _____?
Tales: _____, Ana. Eu me _____ _____.
Ana: _____, Tales. Como _____?
Tales: _____.
Ana: A gente se vê mais tarde. _____ _____.
Tales: Até mais!

Culturalmente falando

Interagindo com brasileiros – Interacting with Brazilians

In Brazil, *tu* and *você* are the subject pronouns used to address someone; the pronoun *você* is the most commonly used. *Tu* is used to address the interlocutor in cities such as Rio de Janeiro, Porto Alegre and Belém. Both *você* and *tu* can be used interchangeably. Although, in this book you will be exposed to the pronoun *tu* and its verb conjugations, in the dialogues and exercises emphasis will be on the pronoun *você*.

To address someone who is older or simply to address someone you are not familiar with, use *o senhor* (masculine form) and *a senhora* (feminine form). Additionally, the possessive pronoun *seu* is used to replace *o senhor* and *Dona* to replace *a senhora*, Seu Antônio e Dona (D.) Joana, for instance. Brazilians are, for the most part, very informal, use *o senhor* ou *a senhora* until you feel comfortable or until your addressee gives you permission to be more informal. It is interesting to note that in some cities is still common to see children using *o senhor* and *a senhora* to address their parents.

O alfabeto em português – The alphabet in Portuguese

For a detailed explanation of the sounds of Brazilian Portuguese, see the section "A guide to Brazilian Portuguese pronunciation" in the introduction to this volume.

Exercício 2 (Audio 1:8)

O que falta? Ouça as palavras abaixo e complete-as com as letras que faltam. *Listen to the words below and complete with the missing letters.*

1 ca____a
2 almo____o
3 verd____
4 tar____e
5 ____amo

6 ____ato
7 ca____o
8 tambè____
9 ma____ã
10 traba____o

Diálogo 3: E aí? (Audio 1.9)

MÁRCIO: Oi, Julinha!
JÚLIA: E aí, Marcinho, tudo bem?
MÁRCIO: *Vou levando.*
JÚLIA: Fique bem. *Te ligo de tardinha.*
MÁRCIO: Tá bom. A gente se fala mais tarde.

Atenção!

The diminutive form is frequently used when addressing a close friend or a family member. It is typically formed by adding the suffix –*inho* to masculine words, and –*inha* to feminine words, names, nouns and adjectives. This socio-linguistic trait can be observed in Dialogue 3, page 4.

Dialogue 3

MÁRCIO: Hi, Julinha!
JÚLIA: Hello, Marcinho, how are you?
MÁRCIO: *Hanging in there.*
JÚLIA: I hope you will feel better. *I will call* you later.
MÁRCIO: OK. We will talk later.

Language point

Common ways of introducing yourself and others

(O) meu nome é Júlia.	My name is Júlia.
Eu me chamo Júlia.	My name is Júlia.
Muito prazer/Prazer.	It is my pleasure.
Igualmente.	Same here.
Qual é (o) seu nome?	What is your name?
Como é (o) seu nome?	What is your name?
Como o senhor se chama?	What is your name, Sir?
Como você se chama?	What is your name?
Tchau.	Bye.
Até logo; até mais.	See you later.
Até breve!	See you soon!
Vamos nessa!	Let's go!

Common ways of greeting Brazilian Portuguese speakers

Formal		*Informal*	
Tudo bem?	How are you?	Oi	Hi
Como vai?	How have you been?	E aí?	What is up?
Tudo bom?	How are you?	Joia(?)	Hey
Bom dia	Good morning	Tudo(?)	Is everything OK?
Boa tarde	Good afternoon	Beleza(?)	Is everything beautiful?
Boa noite	Good night/Good evening	Vou (tô) levando.	I am hanging in there.

🗣️

🎧 **Diálogo 4: Como vai? (Audio 1.10)**

Formal context: Mr. Carlos and Ms. Geralda meet at a conference.

SRA. GERALDA: Boa noite, Eu me chamo Geralda. Como o senhor se chama?
SR. CARLOS: Boa noite, Sra. Geralda. Eu me chamo Carlos. Como vai a senhora?
SRA. GERALDA: Eu vou muito bem, e o senhor?
SR. CARLOS: Estou ótimo. Obrigado.

> **Para escutar:**
> Bom dia, boa tarde, boa noite, amor (Jorge Ben Jor)

Dialogue 4

SRA. GERALDA: Good evening! My name is Geralda. What is your name, sir?
SR. CARLOS: Good evening! Mrs. Geralda. My name is Carlos. How are you, ma'm?
SRA. GERALDA: I am doing really well. How are you, sir?
SR. CARLOS: I am great. Thank you.

Exercício 3

Escreva uma pergunta para cada uma das orações a seguir. *Write a question for each statement below.*

1. Vou levando.

    _____?

2. Meu nome é Luana.

    _____!

3.   Vou bem, e você?

_____?

Language point

Verbo SER/Verb BE
Formas afirmativa e negativa – Affirmative and negative forms

Eu **sou** brasileira.	Eu **não sou** brasileira.	I am (not) Brazilian.
Tu **és** cabo-verdiano.	Tu **não és** cabo-verdiano.	You are (not) Cape Verdean.
Você **é** argentina.	Você **não é** argentina.	You are (not) Argentinian.
Ela **é** americana.	Ela **não é** americana.	She is (not) American.
Ele **é** italiano.	Ele **não é** italiano.	He is (not) Italian.
Nós **somos** portugueses.	Nós **não somos** portugueses.	We are (not) Portuguese.
A gente **é** português.	A gente **não é** português	We are (not) Portuguese.
Eles **são** angolanos.	Eles **não são** angolanos.	They (plural) are (not) Angolan.
Elas **são** chinesas.	Elas **não são** chinesas.	They (feminine) are (not) Chinese.

Atenção!

In Brazilian Portuguese, when answering to a question negatively, it is common to use the negative word **não** (no) twice. However, if the answer is affirmative, Portuguese speakers usually use the same verb of the question to reply. The word **sim** (yes) is not used as often as the simple verb. Sometimes the combination of both the verb of the question and the word **sim** is used to emphasize.

Exemplo/*example*:

   Você **é** brasileira? – (**Não**.) **Não** sou (**não**). (Negative)
   Sou, sim. ou (or) **Sou**. (Affirmative)

Exercício 4

Responda às perguntas usando as palavras **sim** ou **não** conforme demonstrado acima. *Answer the questions using the words **yes** or **no** as shown above.*

1   A Madonna é italiana? _____.

2   Você é americano (a)? _____.

3   Cristiano Ronaldo é brasileiro? _____.

4   Obama é turco? _____.

5   Julia Child é francesa? _____.

Language point

Interrogative form

In Brazilian Portuguese, affirmative and interrogative structures used are the same. There is no need to invert subject and verb. Simply add the interrogation mark and change the intonation.

(A) Ana é polaca. ⟶	**(A) Ana é** polaca?
(Subject + verb)	(Subject + verb)
Você é do Brasil. ⟶	De onde **você é**?
(Interrogative pronoun + subject + verb)	(Interrogative pronoun + subject + verb)

Talking about places of origin

Diálogo 5: De onde você é? (Audio 1.11–1.12)

RAGU: Você é brasileiro?

PACO: Não. Sou do México. De onde você é?

RAGU: Sou da Índia.

PACO: Que legal!

Dialogue 5

RAGU: Are you Brazilian?
PACO: No. I am from Mexico. Where are you from?
RAGU: I am from India.
PACO: Cool!

Here is a list of countries and respective nationalities in masculine form, followed by the feminine form. If only masculine form is listed, it can be used for both genders. You will hear the name of the countries and respective nationalities. There will be a pause between the words, listen and repeat.

Angola	Angola	angolano/angolana	Angolan
América	America	americano/americana	American
Alemanha	Germany	alemão/alemã	German
Argentina	Argentina	argertino/argentina	Argentinian
Austrália	Australia	australiano/australiana	Australian
Áustria	Austria	austríaco/austríaco	Austrian
Bélgica	Belgium	belgo/belga	Belgian
Brasil	Brazil	brasileiro/brasileira	Brazilian
Cabo-Verde	Cape Verdean	cabo-verdiano	Cape Verdean
Canadá	Canada	canadense	Canadian
Chile	Chile	chileno/chilena	Chilean
China	China	chinês/chinesa	Chinese
Colômbia	Colombia	colombiano/colombiana	Colombian
Costa Rica	Costa Rica	costa-ricense	Costa Rican
Equador	Equator	equatoriano/equatoriana	Equatorian
Egito	Egypt	egípcio/egípcia	Egyptian
França	France	francês/francesa	French
Haiti	Haiti	haitiano/haitiana	Hatian
Inglaterra	England	inglês	English
Índia	India	idiano/indiana	Indian
Irã	Ira	iraniano/iraniana	Iranian
Iraque	Iraq	iraquiano/iraquiana	Iraqi

(continued)

(continued)

Irlanda	Ireland	irlandês/irlandesa	Irish
Israel	Israel	israelense	Israeli
Itália	Italy	italiano/italiana	Italian
Jamaica	Jamaica	jamaicano/jamaicana	Jamaican
Japão	Japan	japonês/japonesa	Japanese
Macau	Macau	macalense	Macanese
México	Mexico	mexicano/mexicana	Mexican
Moçambique	Mozambique	moçambicano/moçambicana	Mozambican
Nicarágua	Nicaragua	nicaraguense	Nicaraguan
Panamá	Panama	panamenho/panamenha	Panamanian
Polônia	Poland	polonês/polaca	Polish
Portugal	Portugal	português/portuguesa	Portuguese
República Tcheca	Czeck Republic	tcheco/tcheca	Czech
Romênia	Romania	romeno/romena	Romanian
Rússia	Russia	russo/russa	Russian
Suécia	Sweden	sueco/sueca	Swedish
Suíça	Switzerland	suíço/suíça	Swiss
Tailândia	Thailand	tailandês/tailandesa	Thai
Timor Leste	East Timor	timorense	East Timorese
Venezuela	Venezuela	venezuelano/venezuelana	Venezuelan
Vietnã	Vietnam	vietnamita	Vietnamese
Uruguai	Uruguay	uruguaio/uruguaia	Uruguayan

Language point

Ponomes pessoais - Subject pronouns

De onde **você** é?

Eu sou mexicana. **Eu** sou <u>do</u> México.	I am Mexican. **I** am from Mexico.
A Maria é brasileira. **Ela** é <u>do</u> Brasil.	She is Brazilian. **She** is from Brazil.
Tu és português. **Tu** és <u>de</u> Portugal.	You are Portuguese. **You** are from Portugal.

Você é francesa. **Você** é <u>da</u> França.	You are French. **You** are from France.
O Joshua é americano. **Ele** é <u>dos</u> Estados Unidos.	He is American. **He** is from the United States.
A Ying e o Lee são chineses. **Eles** são <u>da</u> China.	They are Chinese. **They** are from China.
Nós somos irlandeses. **Nós** somos <u>da</u> Irlanda.	We are Irish. **We** are from Ireland.
A gente é irlandês. **A gente** é <u>da</u> Irlanda.	We are Irish. **We** are from Ireland.

Exercício 5

Eu ou você? Substitua os nomes sublinhados por pronomes sujeito. *Replace the underlined names with subject pronouns.*

Modelo: **Kátia** é russa. **Ela** é russa.

1 O **Antônio** é espanhol. _____.

2 A **Carla** e a **Andrea** são inglesas. _____.

3 A **Karla**, a **Joana** e **eu** somos franceses. _____.

4 O **Lucas** e a **Cláudia** são porto-riquenhos. _____.

Culturalmente falando

In Brazilian Portuguese, there are two different ways of saying **you** (singular), **você** and **tu.** They are both used in formal and informal contexts with verb conjugations belonging to the third person form. While in São Paulo, Minas Gerais and many other regions in Brazil **você** is preferred, in Porto Alegre, Rio de Janeiro, and Belém, **tu** is favored. In addition, in the spoken language **você** has been reduced to **cê** only. When speaking with a speaker of Brazilian Portuguese, it will be common to hear **cê** instead of **você**. It is also important to note that **nós** (**we**) has been replaced by *a gente*, which is grammatically singular and is used with verb conjugations belonging to the *você* form.

Exercício 6

Preencha as lacunas usando a forma correta do verbo **SER**. *Fill in the blanks with the correct form of the verb **SER***.

1   Marcos e Érica _____alemães.

2   Marie _____ francesa.

3   Eu, Délia e Dumitru _____ romenos. E de onde vocês _____?

4   Jordan _____ americano.

5   Yesênia e Yariel _____ porto-riquenhas.

6   Eu _____ costa-ricense.

7   D. Maria _____portuguesa.

Language point

Onde você está?

Verbo ESTAR/Verb TO BE

Eu **estou** na Alemanha.	I am in Germany.
Tu **estás** na Austrália.	You are in Australia.
Você **está** na Costa Rica.	You are in Costa Rica.
Ela **está** na Argentina.	She is in Argentina.
Ele **está** na Croácia.	He is in Croatia.
Nós **estamos** na Romênia.	We are in Romania.
A gente **está** na Inglaterra.	We are in England.
Eles **estão** na França.	They are in France.
Elas **estão** na Itália.	They are in Italy.

Atenção!
Both verb **ESTAR** and **SER** mean **BE**. Even though they can be translated as **BE**, they are used in different contexts. **ESTAR** is generally used to express transitory states or physical qualities. **SER** is used to say somebody's name, talk about personal and emotional characteristics, profession, and place of origin, personal relationships, and all traits that are somewhat permanent.

Exercício 7

Falando de nacionalidades: Escreva orações com as palavras listadas abaixo. Use a conjugação do verbo SER e as preposições de/da/da/dos/das. *Write sentences with the words listed below. Use the right conjugation of verb SER and prepositions de/da/da/dos/das.*

> Modelo: João – inglês: João **é** inglês. Ele é **da Inglaterra**.

1   Carey – alemã _____

2   Lou – macalense _____

3   Helena e Paulo – panamenhos _____

4   Eu e Rodrigo – costa-ricense _____

5   Clémence – francesa _____

Language point

Ser × estar

Eu **sou** a Cristiane.	Eu **estou** cansada.
I am Cristiane.	*I am tired.*
Eu **sou** professora.	Eu **estou** ensinando.
I am a teacher.	*I am teaching.*
Eu **sou** do Uruguai.	Eu **estou** no Uruguai.
I am from Uruguay.	*I am in Uruguay.*
Eu **sou** amiga da Mônica.	Eu **estou** falando com minha amiga Mônica.
I am Mônica's friend.	*I am talking to my friend Mônica.*
Eu **sou** alta.	Eu **estou** em forma.
I am tall.	*I am in a good shape.*
Eu **sou** feliz.	Eu **estou** triste agora.
I am happy.	*I am sad now.*

De olho na pronúncia! The verb ESTAR is generally pronounced without the first syllable. You will often hear *tô*, *tá*, *tamo(s)*, *tão* instead of *estou*, *está*, *estamos*, and *estão* respectivelly.

Exercício 8

Complete as orações com a conjugação adequada dos verbos **SER** ou **ESTAR**. *Complete the sentences with the right conjugation of verb* **SER** *or* **ESTAR**.

1   Sheila _____ do Canadá, mas _____ no Rio de Janeiro. Paulo, o marido dela _____ em Portugal. Ela _____ médica e ele _____ jornalista. Sheila e Paulo _____ felizes.

2   Nós _____ no México. Os mexicanos _____ muito simpáticos. Eles _____ sempre sorrindo.

3   Catarina e Margarida _____ argentinos, mas não comem carne.

4   A gente _____ animado para os jogos olímpicos de 2016.

5   Nós _____ atletas e _____ muito cansados.

6   Ele _____ estudante.

7   Você _____ estudando.

Language point

Artigos definidos – *definite articles* – **refer to specific things**.

Exemplos/*examples*:

A (feminine singular)	**O** (masculine singular)	**the**
AS (feminine plural)	**OS** (masculine plural)	**the**

Exemplos/*examples*:

A Ying e **o** Lee são chineses. Eles são <u>da</u> China.

Ying and Lee are Chinese. They are from China.

A Maria é brasileira. Ela é <u>do</u> Brasil.

Maria is Brazilian. She is from Brazil.

O Joshua é norte americano. Ele é <u>dos</u> Estados Unidos.

Joshua is American. He is from the United States.

Artigo indefinido – *indefinite articles* – **refer to nonspecific things**.

UMA (feminine singular)	**UMAS** (feminine plural)	**a/na/some**
UM (masculine singular)	**UNS** (masculine plural)	**a/na/some**

Exemplos/*examples*:

Tenho **um** carro./*I have a car.*
Tenho **uns** carros./*I have some cars.*
Tenho **uma** casa. /*I have a house.*
Tenho **umas** casas. /*I have some houses.*

Language point

The prepositions DE and EM

The preposition **DE** means **from** or **of** and **EM** means **in**, **at** and **on**, if they are followed by a definite or indefinite articles, they should be contracted. Observe the examples:

> Eu sou [**de + o**] Brasil = Eu sou **do** Brasil.
>
> Eu estou [**em + o**] Brasil = Eu estou **no** Brasil.
>
> Ela é [**de + a**] Argentina = Ela é **da** Argentin**a**.
>
> Ela está [**em + a**] Argentina = Ela está **na** Argentin**a**.
>
> Nós somos [**de + os**] Estados Unidos = Nós somos **dos** Estad**os** Unid**os**.
>
> Nós estamos [**em + os**] Estados Unidos = Nós estamos **nos** Estad**os** Unid**os**.

Exercício 9

Definido ou indefinido? Complete as orações abaixo com os artigos definidos (**a/as, o/os**), indefinidos (**um/uma, uns/umas**) e as preposições **de** (do, da, dos, das) e **em** (no, na, nos, nas). *Complete the sentences with the appropriate article and prepositions.*

1   Esta é _____ Vanessa. Ela é _____ Argentina, mas está _____ Brasil.

2   _____ Antonieta é _____ Portugal.

3   A gente é _____ Estados Unidos.

4   Tenho _____ computador.

5   Este é _____ Chuy. Ele é _____ México.

6   _____ senhores são italianos.

7   Vocês são _____ Canadá?

8   _____ Maria e Peter são?

Exercício 10

Em suas palavras. Responda às perguntas abaixo. *Answer the questions below.*

1   Qual é o seu nome?

_____.

2   De onde você é?

_____.

3   Onde você está?

_____.

Exercício 11

Como se diz? Traduza para português. *Translate into Portuguese.*

1   He is American.

_____.

2   She is in the United States.

_____.

3   You are from Brazil.

_____.

4   Where are they from?

_____.

5   Where are we now?

_____.

6   I am in São Paulo.

_____.

7   Eliana and Pedro are Mexican.

_____.

Exercício 12 (Audio 1.13)

Certo ou Errado? – Alexandra está falando sobre sua família e seus amigos. Antes de ouvir, leia as alternativas. Agora, ouça atentamente e marque **C** para as informações corretas e **I** para as informações incorretas. *Alessandra is talking about her friends and family. Listen to the conversation, and mark the correct statements **C** and the incorrect statements **I**.*

1   (   ) Rony e Rosa são irmãos da Alexandra.
2   (   ) O pai da Alexandra é italiano.
3   (   ) Rony é solteiro.
4   (   ) Ben não é inglês.
5   (   ) Adriana é romena
6   (   ) Alexandra e sua família estão na Espanha.
7   (   ) Rony tem três filhos.
8   (   ) Dário é o pai da Alexandra.

Exercício 13

Sem erros. Corrija as orações a seguir. *Correct the sentences below.*

1   Você é no restaurante.

   _____.

2   Eles estão casa.

   _____.

3   Onde estão você?

   _____.

4   Julie é americano.

   _____.

5   Mariana é de Brasil.

   _____.

6   A gente somos mexicanos.

_____.

7   Eu, a Juliana e a Érica estão em casa.

_____.

8   D. Maria é na Itália.

_____.

Unit Two

Alô! Quem fala?

Hello! Who is this?

At the end of this unit, you will be able to:

- use descriptive adjectives and cardinal numbers (1–100)
- tell the time, the days of the week and the months of the year
- use the appropriate gender and number of nouns
- describe yourself and others
- talk about age
- understand the use of the verb TER
- express states of being
- use expressions with the verb ESTAR

Diálogo 1: Desculpe! Foi engano! (Audio 1.14)

Alana is trying to reach her colleague Maria, but she dialed the wrong number.

ALANA: Alô!
BERNARDO: Alô! Quem fala?
ALANA: Aqui é a Alana. A Maria está?
BERNARDO: A Maria? Não tem nenhuma Maria aqui.
ALANA: Que número eu disquei?
BERNARDO: (21) 2265-8600
ALANA: Desculpe! Foi engano!

Dialogue 1: I am sorry! I dialed the wrong number!

ALANA: Hello!
BERNARDO: Hello! Who is speaking?
ALANA: This is Alana. Is Maria there?
BERNARDO: Maria? There is no Maria here.
ALANA: What number did I dial?
BERNARDO: (21) 2265-8600
ALANA: I am sorry! I dialed the wrong number!

Diálogo 2: Quer deixar recado? (Audio 1.15)

A very informal phone conversation.

ALANA: Alô!
NILDA: Oi. Quem é?
ALANA: Alana. A Maria *tá aí*?
NILDA: *Tá não*. Quer deixar recado?
ALANA: Pede *pra* ela me ligar.
NILDA: Ela tem seu número?
ALANA: Tem, mas anota aí, por favor.

NILDA: *Um minutinho*, vou pegar uma caneta.
ALANA: *Tá* bom.

Dialogue 2: Would you like to leave a message?

ALANA: *Hello!*
NILDA: Hi. Who is this?
ALANA: Alana. Is Maria there?
NILDA: She is not. Would you like to leave a message?
ALANA: Ask her to call me back.
NILDA: Does she have your number?
ALANA: She does, but write it down just in case.
NILDA: One second, I will get a pen.
ALANA: OK.

Language point (Audio 1.16)

Os números em Português Brasileiro – The numbers in Brazilian Portuguese

Números cardinais – cardinal numbers

1 – um/uma	14 – quatorze
2 – dois/duas	15 – quinze
3 – três	16 – dezesseis
4 – quatro	17 – dezessete
5 – cinco	18 – dezoito
6 – seis (meia)	19 – dezenove
7 – sete	20 – vinte
8 – oito	21 – vinte **e** um
9 – nove	30 – trinta
10 – dez	32 – trinta **e** dois
11 – onze	40 – quarenta
12 – doze	43 – quarenta **e** três
13 – treze	50 – cinquenta

60 – sessenta	90 – noventa
70 – setenta	100 – cem/cento
80 – oitenta	

The numbers 1 and 2 can be either masculine or feminine and will agree with a noun or an adjective that follows (i.e. one girl/one boy – **uma** menin**a**/**um** menin**o**; two boys/two girls – **dois** menin**os** e **duas** menin**as**).

In Brazilian Portuguese, **e** (and) is used to link tens, units, and hundreds, 35 – trinta **e** cinco; 123 – cento **e** vinte **e** três, for example. However, for every group of three numbers or more the **e** is dropped.

In Portuguese we use comma (vírgula) instead of period (ponto) to indicate a decimal point. A fraction is written and spoken with a comma (i.e. 8, 16 = oito vírgula dezesseis). This rule also applies to percentage. Portuguese speakers say: dez **vírgula** três **por cento** = 10, 3 %. It is also common to use period (ponto) to separate thousands from millions.

Another peculiarity of Portuguese is the use of "meia" instead of "seis" when saying phone numbers (i.e. 3486-24 62 – três-quatro-oi-to-meia- vinte e quarto -meia-dois).

Qual é (o) seu endereço? – What is your address?

Meu endereço é ... *My address is …*

Escrevendo seu endereço – Writing your address

In Portuguese, the address is written or spoken as follows:

Rua (*street*) *or* Avenida (*avenue*): Dois de Dezembro, número (*number*) 116

Bairro (*neighborhood*): Catete

Cidade (city): Rio de Janeiro – Estado (*state*) RJ

CEP (*zip code*): 22.200-200 – país (*country*) Brasil

Exercício 1 (Audio 1.17)

Os seus dados completos, por favor. Ouça as informações para completar as fichas abaixo. *Listen to the information to complete the forms below.*

Exemplo:

Joana Nunes	Idade:	Telefone:	Endereço:
CPF: 01123456870	35	(31) 3466 – 4540	Rua da Bahia, 77 Centro – Belo Horizonte – Minas Gerais

Henrique Rocha	Idade:	Telefone:	Endereço:
CPF:		(016) 4366 7898	

Vilma Moreira	Idade:	Telefone:	Endereço:

Antônio Freitas	Idade:	Telefone:	Endereço:
CPF:	32	(21)22658622	

Exercício 2

Seus dados. Complete a ficha abaixo com as suas informações pessoais e as repita em voz alta. Em seguida, ouça os números da página anterior novamente para rever a pronúncia. *Complete the form below with your information. Then, repeat, practice, and listen to the numbers again to check pronunciation.*

Nome:	Idade:	Telefone:	Endereço:

Language point

Talking about age ...

In Portuguese, we use the verb TER to talk about age.

Quantos anos você tem? *How old are you?*
or Qual é a sua idade? (least commonly used)

Eu **tenho** 35 anos.	*I am 35 (years old).*
Juliane **tem** 33 anos.	*Júlia is 33 (years old).*
Davi **tem** 33 anos.	*Davi is 33 (years old).*
Davi e Juliane **têm** 33 anos.	*Davi and Juliane are 33 (years old).*
Nós **temos** 33 anos também.	*We are 33 (years old) too.*

Diálogo 3: Quando é o seu aniversário? (Audio 1.18)

C: Quantos anos você tem?
D: (Eu) (tenho) 21. E você?
C: (Eu) (tenho) 24. **Qual é o dia do seu aniversário?**
D: Meu aniversário é (no dia) 4 de julho. **E o seu**?
C: Que legal! Você **faz aniversário** no dia da independência dos Estados Unidos. O meu aniversário é no dia 12 de setembro.

Dialogue 3: When is your birthday?

C: How old are you?
D: I am 21. And you?
C: I am 24. When is your birthday?
D: My birthday is on July 4th. And yours?
C: Your birthday is on the same day as the USA's Independence Day. That is cool! My birthday is on September 12.

Language point

Answering questions with numbers ...

You can use the number by itself. There is no need to use the subject or the verb.

A: Quantos anos você tem?
B: 21.
C: Qual é o dia do seu aniversário? Or Quando é seu aniversário?
D: 2 de dezembro.

Exercício 3

Quantos anos ele tem? Complete o texto abaixo com a forma correta do verbo TER. *Complete the text below with the appropriate form of the verb TER.*

Maria e Juliana são amigas, trabalham e estudam juntas. Elas _____ 18 anos. Maria _____ dois irmãos: João e Manuel. João _____ 15 anos e Manuel _____ 21 anos. Eu, Manuel e Carlos _____ a mesma idade, 21 anos e estudamos na mesma universidade.

Language point (Audio 1.19)

The months of the year in Brazilian Portuguese are neither written in capital letters nor preceded by articles. For example: Meu aniversário é *em maio.*/O meu aniversário é no dia 30 *de agosto.*

In Portuguese, the order of dates, in written and spoken formats, are organized as follows: day + the preposition **de** + the month (i.e. 10/12 – dez de dezembro). All but the *first day of the month* (i.e. 1/5 – primeiro de maio) are expressed with nominal cardinal numbers and the verb SER is used in plural.

Que dia é hoje?
Hoje é **primeiro** (first – ordinal number) de agosto! (Today is August 1st!).

Meses do ano/Months of the year

janeiro	January
fevereiro	February
março	March
abril	April
maio	May
junho	June
julho	July
agosto	August
setembro	September
outubro	October
novembro	November
dezembro	December

Language point

Que dia é hoje? Hoje é domingo.

In spoken and written Portuguese, we express the days of the week with ordinal numbers: segunda, terça, quarta, quinta e sexta, respectively – 2a, 3a, 4a, 5a and 6a replace the days of the week in most advertisements and schedules. In addition, Portuguese speakers omit the word **feira** when saying the days of the week. *Articles always precede the **plural form** of the days of the week.*

Two ways to ask **what day** or **when** something is happening:

> **Que dia/Quando** você está na universidade? *When are you at the university?*

> Eu estou na universidade *todo dia*. *I am at the university every day.*

> Eu estou na universidade *o dia todo*. *I am at the university all day.*

> Estou na universidade ø *segunda-feira*. *I am at the university on Monday.*

> Estou na universidade *às* terças e quintas. *I am at the university on Tuesdays and Thursdays.*

Estou na universidade *na* quarta. *I am at the university on Wednesday.*

Estou na universidade durante *a* semana. *I am at the university during the week.*

To form the **plural of the days of the week** you must add –s to both words:

Estou na universidade segunda-feira. = Estou na universidade às segundas-feiras. *I am at the university on Mondays.*

Note that in some regions of Brazil the preposition and the article will not be used at all as can be observed in the example above.

Que dia é hoje? – What day is today?
(Audio 1.20)

Hoje é segunda-feira (*Today is Monday*) (or simply) É segunda! (*It is Monday!*)

Dias da semana/Days of the week		*Fim de semana/Weekend*	
Segunda-feira	*Monday*	Sábado	*Saturday*
Terça-feira	*Tuesday*	Domingo	*Sunday*
Quarta-feira	*Wednesday*		
Quinta-feira	*Thursday*		
Sexta-feira	*Friday*		

Exercício 4

Maria está organizando seu calendário. Escreva as datas dos aniversários dos amigos dela conforme o modelo. *Maria is organizing her calendar. Write her friends' birthday as indicated below.*

Exemplo: Joana – 22/12 = vinte e dois de dezembro

1 Clarice – 19/06 – _____

2 Helena – 12/02 – _____

3 Gláucia – 01/01 – _____

4 Davi – 27/04 – _____

5   Eduardo – 25/07 – _____

6   Carlos – 29/09 – _____

7   Junior – 17/10 – _____

8   Ana – 08/08 – _____

9   Manuela 20/05 – _____

10 Luiza – 27/03 – _____

11 Anderson 26/11 – _____

12 Cristiane 02/12 – _____

Exercício 5

Sua agenda. Use as informações do quadro abaixo para completar a agenda telefônica com nome, endereço, telefone e aniversário. *Use the information in the chart below to complete the phone book with name, address, telephone number and birthday.*

Augusto Lima	6/7	Da Luz, 117 – Salvador	11 99876543	Bruno Silva
41 5557673	31 87767656		*	51 22413211
25/7	*	Marta Vieira	04/04	Célia, 43 – BH
Dos Caetés, 112 – Porto Alegre	Joana Vargas	*	21 89797766	30/01
*	Orquídeas,19 ap.102 – RJ	12/9	Daniel Dantas	Paulista,89 – SP

1. Nome:

_____

Endereço:

_____

Telefone:

_____

(continued)

(continued)

Aniversário:

_____

2. Nome:

_____

Endereço:

_____

Telefone:

_____

Aniversário:

_____

3. Nome

_____

Endereço:

_____

Telefone:

_____

Aniversário:

_____

4. Nome:

_____

Endereço:

_____

Telefone:

_____

Aniversário:

_____

Language point

Que **horas são?** is the question used to **ask what the time is** in Portuguese. Note that in the question the verb will always come in plural. However, when answering the verb will be conjugated to agree with the number of hours. For instance: são 2 horas/é uma da tarde/é meio-dia/é meia-noite. Between 1:00 and 1:59, you should say é **uma (hora)** plus any minutes (i.e. é uma e trinta or uma e meia). Note that the words *horas* and *minutos* are not necessary, however, if you use horas you must use minutos. Exemplo: São oito **horas** e 10 **minutos**. Observe the examples:

(São)três (horas)	São oito e nove	São onze e trinta e cinco	São cinco para o meio-dia ou	É uma hora **em ponto** (*on the dot*)
		São **25** para o meio-dia	Onze e cinquenta e cinco	

De (da) manhã, de (da) tarde, de (da) noite ou de (da) madrugada?

The A.M and P.M symbols *are not used* in Portuguese. Instead, we say **de manhã** (a.m.), **de tarde** (p.m.) and **de noite** (p.m.) if we are not talking about a specific time, and **da manhã** (a.m.), **da tarde** (p.m.) and **da noite** (p.m.) for specific time. Observe the examples below:

Estou na universidade **de manhã**. *I am at the university in the morning.*

Estamos na universidade às 10 **da manhã**. *We are at the university at 10 am.*

A gente está em casa **de madrugada**. *We are in the house early in the morning.*

A gente está na discoteca das 10 da noite às 2 **da madrugada**. *We are at the club from 10 p.m. to 2 in the morning.*

Exercício 6

Que horas são? Escreva as horas indicadas abaixo. *Write down the times indicated below.*

meio-dia e quinze = 12:15

1   vinte para as dez = _____
2   uma e meia = _____
3   onze e cinquenta e cinco = _____
4   três e quarenta e cinco = _____
5   dez para a meia-noite = _____
6   quinze para o meio-dia = _____
7   seis em ponto = _____

Exercício 7 (Audio 1.21)

Uma agenda cheia. Ouça o horário do Júlio. Em seguida, complete o quadro abaixo com os dias e as horas. *Listen to Julio's schedule Then, complete the chart and the sentences below with the correct information.*

Segunda	Terça	Quarta	_____	Sexta
8:00 – livre			_____ Português	
	_____ Matemática			_____ Inglês
_____ Geografia			12:30 – almoço com a Gigi.	
	_____ História			_____ jantar com a Marisa.

Sábado, às _____ festa de aniversário da Camila e _____ ao meio-dia feijoada na casa da Jussara.

Diálogo 4: Como ele é? (Audio 1.22)

Tati is calling her friend Ana.

TATI Alô. Eu poderia falar com a Lisa?

ANA: Quem gostaria?

TATI: Ana, sou eu.

ANA: Eu, quem?

TATI: Tati!

ANA: Tati, quanto uanto tempo! Tudo bem? A Lisa está com o namorado dela. Você quer deixar recado?

TATI: Namorado? É mesmo? Quem é ele?

ANA: É um bonitão. Ele se chama Luiz.

TATI: Preciso conhecer! Ele é alto? Magrinho ou gordinho?

ANA: Um gato! Simpático, alto, negro e charmoso. E tem um sorriso lindo! Tati, quer deixar recado?

TATI: Diz a ela que eu ligo amanhã de noite.

Atenção!

In Unit 1 – you learned that Portuguese speakers use diminutive form to avoid being rude or to show love. Therefore, it will be common to hear people using **fofinho** (*cute*, *fluffy*) instead of **gordo** (*fat*) or **gordinho** (*chubby*).

Language point

Expressões úteis!

É mesmo? – *Really*?

Quanto tempo! – *Long time, no see*!

Ele é um gato! – *He is so handsome*!

Gato/a is an old-fashioned expression used to refer to a handsome/ beautiful person.

Dialogue 4: How is he?

TATI: Hello. May I please talk to Lisa?

ANA: Who would like to talk to her?

TATI: Ana, It is me!

ANA: Who?

TATI: Tati!

ANA: Tati! It has been a long time! How are you? Lisa is with her boyfriend. Would you like to leave a message?

TATI: Boyfriend? Really? Who is he?

ANA: He is a handsome man. His name is Luiz.

TATI: I need to meet him! Is he tall? Is he slim or chubby?

ANA: He is a nice looking man! He is tall, black and charming. And he has a beautiful smile!

ANA: Do you want to leave a message?

TATI: Please let her know that I will call tomorrow in the evening.

Exercício 8

Eu ligo depois. o diálogo 4 atentamente. Em seguida, responda às perguntas abaixo. *Read and listen to dialogue 4 carefully. Then, answer to the questions below.*

1   Qual é o nome da amiga da Tati?

_____

2   Lisa está em casa?

_____

3   Com quem Lisa está?

_____

4   Qual é o nome do namorado da Lisa?

_____

5   Como é namorado da Lisa?

_____

6   Quando a Tati vai ligar?

_____

Exercício 9 (Audio 1.23)

Bingo! Marque os números que ouvir. *Check the number you hear.*

B	I	N	G	O
43	5	12	40	14
56	89	0	90	78
77	4	100	25	6
28	32	80	65	50
7	16	10	64	1

Language point

Descrevendo as pessoas – Describing people
(Audio 1.24–1.25)

The same form will be used for both genders (masculine and feminine) if only one form is given in the chart below.

Caractéristicas físicas – Physical characteristics

Como ele é? What does he look like?

alto/alta	baixo/baixa	tall/short
gordo/gorda	magro/magra	fat/skinny
feio/feia	bonito/bonita	ugly/beautiful
careca	cabeludo	bold/hairy
moreno/morena	louro/loura	dark/blonde
branco/branca	negro/negra	white/black
fraco/fraca	forte	weak/strong
idoso/idosa	jovem	elderly/young
velho velha	novo/nova	old/new

Personalidade

alegre	triste	content/sad
inteligente	burro/estupido	intelligent/stupid
chato	interessante	boring/interesting
calado	falante	quiet/talkative
simpático/simpática	antipático/antipática	nice
calmo/calma	nervosa/nervosa	calm/nervous
pobre	rico/rica	poor/rich
generoso	"pão-duro"	generous/stingy
preguiçoso/preguiçosa	trabalhador	lazy/hardworking
tímido	descontraído	shy/extroverted
interessante	desinteressante	interesting/boring
charmoso		charming

ciumento	jealous
criativo	creative
sério	serious

Exercício 10

Em suas palavras. Use as palavras do quadro da página anterior para descrever as pessoas listadas abaixo. *Use the words from the chart above to describe the people listed below.*

Pelé _____

_____

Angelina Jolie _____

_____

Madre Teresa de Calcutá _____

_____

Barak Obama _____

_____

Eu _____

_____

Diálogo 5: Pelo telefone
(Audio 1.26)

MAURÍCIO: Tudo bem com você?
MURILO: Estou cansado, com sono e com fome. E ainda tenho que estudar.
MAURÍCIO: Nossa! Tem certeza que você está vivo?
MURILO: Tô praticamente morto. E você, como está?

MAURÍCIO:	Estou irritado e com medo da prova de física. Vamos estudar juntos?
MURILO:	Vamos!

Dialogue 5: A phone conversation

MAURÍCIO:	How have you been?
MURILO:	I am tired, sleepy, and hungry. I still have to study.
MAURÍCIO:	Wow! Are you alive?
MURILO:	I am practically dead. How are you?
MAURÍCIO:	I am irritated, I am afraid of the physics exam. Let's study together?
MURILO:	Let's do it!

Language point

Expressões úteis!

Estou morto! – *I am exhausted!*

Estou irritado! – *I am irritated!*

Estou duro! – *I am broke!*

Estou com fome!

The structure [verb ESTAR + com + adjetive] is used to express physical condition and mental state.

	fome	I am hungry
	sono	I am sleepy
	sede	I am thirsty
	sorte	I am lucky
Estou com	raiva	I am annoyed
	preguiça	I am lazy
	ciúmes	I am jealous
	Saudade	I am missing/longing …
	calor	I am hot
	frio	I am cold

Exercício 11

Eu estou … Relacione as colunas A & B logicamente. *Match colunm A and B logically.*

A	B
1 It is winter! Heloisa is in Canadá.	( ) Estou com saudade do meu pai.
2 Jorge does not want to work.	( ) Ela está com sorte.
3 Mary's boyfriend is traveling by himself.	( ) Ele está com sede.
4 Igor ate 6 hours ago.	( ) Ele está com raiva.
5 It is 40°C. I am at the beach.	( ) Eu estou com calor.
6 Carlos lost his keys.	( ) Ele está com fome.
7 Juliana won the lotery.	( ) Ela está com frio.
8 Marcos is walking at the beach.	( ) Ela está com ciúmes dele.
9 I am lonely. My father left.	( ) Ele está com preguiça.

🔍 Language point

Revendo o uso dos pronomes interrogativos

Que dia é hoje? – *What day is today?*

Quando é o seu aniversário? – *When is your birthday?*

Que dia você faz aniversário? – *When is your birthday?*

Quantos anos você tem? – *How old are you?*

Quem fala? – *Who is speaking?*

Qual é o número do seu telefone? – *What is phone number?*

Qual é o seu endereço? – *What is your address?*

🔍 Language point

Número e gênero do substantivo – The gender and number of nouns

Rules	Masculine	Feminine
Words ending in -ente, -ante ou -ista are common to both masculine and feminine – to determine gender we add the definite article (A or O) to make it plural, we add –s	O dentista O gerente O estudante aluno/alunoS	A dentista A gerente A estudante aluna/alunaS
Words ending in –ama , –ema are **masculine**	o programa o problema o cinema	Ø Ø Ø
The majority of the words ending in –ão, –dade and –agem are **feminine** If the word ending in –ão is abstract it will be feminine (e.g. a emoção), but if it is concrete it will be masculine (e.g. o coração).	Ø Ø some exceptions: avião, pão, Japão, coração	A universidade A mensagem A nação

Rules	Examples:	
Words ending in –o, –a, –ente, –ante ou –ista we add –s to pluralize them.	O dentista O gerente O estudante O aluno	As dentistaS As gerenteS As estudanteS Os alunoS
	A aluna	As alunaS
To pluralize words ending in **r** and **z** add –es	professo**r**ES nari**z**/narizES	A professora/ professoraS
To pluralize words ending in -**m** replace m with **–ns**	viag**em**/viage**ns** Home**m**/home**ns**	
Most of the words ending in –ão will be changed to –ões	avi**ão** – avi**ões** milh**ão** – milh**ões**	**Some exceptions: cidadão – cidadãos, pão – pães, mãe – mães
To pluralize words ending in –al, –ol, –el and –ul – drop the l and add **–is** to pluralize words ending in **il** – replace –**il** with **–eis**	qual – qua**is** azul – azu**is** fiel – fié**is** farol – faró**is** difíc**il** – difíc**eis** fác**il** – fác**eis**	**Some exceptions: gent**il** – gent**is** fuz**il** – fuz**is**

Exercício 12

Sem erros. Corrija as orações abaixo. *Correct the sentences below.*

1 O meninos estudam em a sala da aula.
2 Me gosta muito dos homem gentil.
3 Os estudante são fiel.
4 As mulheres são responsável.
5 A gente é terríveis.
6 O Frederico é leais.
7 Os homem trabalham à noite.
8 Os alunos português moram na Espanha.
9 Elas são feliz.
10 Viviane e Ana Paula são professor.

Exercício 13

Reescreva as frases na forma singular. *Rewrite the words in the singular form.*

1   dentistas gentis

2   garagens azuis

3   viagens difíceis

4   narizes pequenos

5   aviões velhos

6   pães ruins

7   mães bondosas

8   dias felizes

Unit Three
Vamos nos divertir!

Let's have fun!

At the end of this unit, you will be able to:

- talk about food and eating habits
- talk about your likes and dislikes, know how to ask for a table and order food in a restaurant and in a snack bar
- express agreement or disagreement
- use the present tense of regular and irregular verbs
- use adjectives and adverbs

Diálogo 1: Eu como de tudo!
(Audio 1.27)

Carlos e Jussara estão de férias em Natal, Rio Grande do Norte. Esles estão decidindo que restaurate e que comida típica do nordeste do Brasil eles querem experimentar. *Carlos and Jussara are on vacation in Natal, Rio Grande do Norte. They are deciding which restaurant and typical food from northeastern Brazil they are going to try. Listen to the conversation attentively.*

CARLOS: *Você gosta de moqueca?*
JUSSARA: Eu gosto de moqueca, mas não gosto muito de peixe.
CARLOS: Que engraçado! Eu como de tudo! Gosto muito de peixe, mas não sou fã de peixe com molhos. No verão, prefiro um peixe grelhado ou uma salada de frutos do mar.

JUSSARA:	Peixe grelhado! Que delícia! Onde podemos comer frutos do mar?
CARLOS:	Tem um restaurante de frutos do mar aqui perto. *Você* quer experimentar?
JUSSARA:	Claro! A que horas a gente se encontra?
CARLOS:	Que tal meio-dia?
JUSSARA:	Perfeito! Onde a gente se encontra?
CARLOS:	Aqui. O que *você* acha?
JUSSARA:	Aqui na praia?
CARLOS:	Pode ser.

Menu	
Casa do sol e mar	
O melhor do peixe!!	
Petiscos	**Preços**
Lula recheada	R$ 25
Camarão frito	R$ 18
Batata frita	R$ 15
Entradas	
Moqueca	R$ 45
Salada de frutos do mar	R$ 28
Peixe grelhado	R$ 32
Acompanhamentos	
Arroz branco	R$ 10
Salada de legumes	R$ 12
Batatas ao forno	R$ 16
Farofa	R$ 14
Pirão de peixe com camarão	R$ 15
Bebidas	
Água mineral	R$ 2
Refrigerante	R$ 5
Cerveja	R$ 6
Caipirinha	R$ 12

Dialogue 1: I am not a fussy eater!

CARLOS:	Do you like moqueca?
JUSSARA:	I like moqueca, but I do not like fish very much.

CARLOS: How funny! I eat everything! (I'm not picky!) I really like fish, but I am not a big fan of fish with sauces. In the summer, I would rather have fried fish or a seafood salad.

JUSSARA: Fried fish! Delicious! Where can we eat seafood?

CARLOS: There is a seafood restaurant close by. Do you want to try?

JUSSARA: Of course! When can we meet?

CARLOS: I can meet with you at noon.

JUSSARA: Perfect! Where can we meet?

CARLOS: Can we meet here?

JUSSARA: At the beach?

CARLOS: Yes.

JUSSARA: Then I'll wait for you here.

Culturalmente falando

Both pronouns **tu** and **você** (second person singular) are used to address your interlocutor. "Tu" is common in few regions of Brazil (e.g. Rio de Janeiro, Porto Alegre, and Belem), however, as mentioned in Unit 1, *você* is widely used in most cities in Brazil. The pronouns *você* and *a gente* are followed by the same conjugation used for "ele, ela (third person)" – "Você gost**a** de moqueca?".

This is a sociolinguistic factor. Pay attention to Carlos and Jussara's conversation. They use "você" but they chose "te" as the object pronoun – which is normally heard in spoken Brazilian Portuguese.

Even though "te" is a pronoun that refers to "tu" (second person) and in some regions of Brazil we use "você" to address our inter-locutor, it is very common to say "te" even when referring to "você". In dialogue 1, we observe that Jussara says: "Eu *te* espero aqui na praia." even when **você** is chosen throughout the conversation. She could also have said: "Espero você aqui" in an equally acceptable.

Exercício 1

Peixe com molho. Complete o texto abaixo com as palavras do Diálogo 1. *Complete the text below with words from dialogue 1.*

> DE TUDO – GOSTA – PRAIA – COM MOLHOS –
> PEIXE – AR LIVRE

O Carlos e a Jussara estão no restaurante ao (1) _____. Eles se encontram na (2) _____. O Carlos come (3) _____, mas a Jussara não (4) _____ muito de peixe com (5) _____, ela prefere (6) _____ grelhado.

Exercício 2

Cliente exigente. Responda às perguntas abaixo. *Answer the questions below.*

1 Você come de tudo?
2 Qual é o seu restaurante favorito?
3 Qual é o seu prato favorito?

Vocabulário e expressões

Arroz – *rice*	Grelhado – *grilled*
Camarão – *shrimp*	Lula – *calamari*
Caipirinha – *Brazilian drink made with cachaça, sugar cane rum (traditional Brazilian liquor), lime, sugar, and ice*	Moqueca – *Brazilian fish stew*
Cardápio – *menu*	Peixe – *fish*
Churrasco – *barbecue*	Queijo – *cheese*
Frito – *fried*	Refrigerante – *soda*
Frutos do mar – *seafood*	Salada – *salad*

Claro! – *Of course!*

Pode ser – *I agree!*

Que tal – *What about ...?*

Que engraçado! – *That's funny!/ How funny!*

Language point

Verbos regulares no presente do indicativo – Regular verbs in the present of indicative

The present tense is generally used to describe actions in the present or to talk about things that you/others do or not do often. This tense can also be used to describe ongoing or future actions. In Portuguese there are four groups/conjugations of verbs: **–AR**, **–ER**, **–IR** and **–OR**. AR, ER and IR are the most common, to conjugate regular verbs in the present you drop the terminations (i.e. **ar**) and add the suffixes, examples can be seen in the chart below.

Observe the endings listed in the table below to conjugate the regular verbs in the simple present.

Verbos	*AR*	*ER*	*IR*
Pronome de sujeito	Gostar	Comer	Assistir
eu	gost**o**	com**o**	assist**o**
tu	gost**as**	com**es**	assist**es**
você/ele/ela	gost**a**	com**e**	assist**e**
a gente	gost**a**	com**e**	assist**e**
nós	gost**amos**	com**emos**	assist**imos**
vocês/eles/elas	gost**am**	com**em**	Assist**em**

Exemplos:

Eu gost**o** *de* moqueca.

Jussara gost**a** *de* peixe frito.

Você *não* gost**a** *de* coquetel de camarão.

A gente gost**a** *de* salada.

Eles gost**am** muito *de* frutos do mar.

Nós gost**amos** *de* salada de mariscos.

The verb **gostar** is always followed by the preposition "de" and combinations (do, da, deste [of this], desta[of this], daquilo [of that], disto
[of this], etc). If there is an intensifier (adverb), it comes after the verb
and then the preposition "de" is inserted.

Jussara gosta *muito* **de** moqueca.

Elas gostam **de** moqueca.

Elas gostam **da (de +a)** moqueca deste restaurante.

A gente gosta **do (de + o)** café brasileiro.

AR	*ER*	*IR*
Gostar *de* = to like	Comer = to eat	Assistir = to watch, to help, to assist
Achar = to find, to think (expressing opinion)	Beber = to drink (to drink alchool)	
		Subir = to rise, to
Evitar = to avoid	Agradecer = to thank	ascend or to climb
Encontrar = to meet, to find		
Experimentar = to try or to taste something for the first time		
Ficar = to get, to stay		
Tomar = to take, to drink		

Exercício 3

O que falta? Complete o texto com as formas corretas dos verbos
listados. *Complete the text below with the appropriate form of verbs
gostar, viajar, preferir, evitar and poder.*

O Carlos (a) _____ de moqueca. Eu (b) _____ de moqueca
também, mas (c) _____ camarão frito. A amiga do Carlos
(d) _____ de peixe, mas no almoço ela (e) _____ um sanduíche

de queijo. Nós (f) _____ de frutos do mar e (g) _____ as carnes vermelhas quando estamos no Nordeste do Brasil. Mas quando Carlos e Jussara (h) _____ para Porto Alegre eles (i) _____ comer churrasco. Em Porto Alegre eles (j) _____ encontrar o melhor churrasco do mundo.

Language point

Verbos irregulares no presente do indicativo – Irregular verbs in the present

Pronome pessoal	Querer (to want)	Poder (can)	Ter (to have)	Ir (to go)
eu	quero	poso	tenho	vou
tu	queres	podes	tens	vais
você/ele/ela	quer	pode	tem	vai
nós	queremos	podemos	temos	vamos
a gente (=nós)	quer	pode	tem	vai
vocês/eles/elas	querem	podem	têm	vão

Verbos irregulares – Irregular verbs – Stem changing

Some of the verbs ending in –ir change the stem vowel e to i or o to u in the first person only. Observe the table below.

Pronome pessoal	Servir (to serve)	Preferir (to prefer)	Mentir (to lie)	Dormir (to sleep)
eu	sirvo	prefiro	minto	durmo
tu	serves	preferes	mentes	dormes
você/ele/ ela	serve	prefere	mente	dorme

(continued)

(continued)

nós	servimos	preferimos	mentimos	dormimos
a gente	serve	prefere	mente	dorme
vocês /eles/elas	servem	preferem	mentem	dormem

Other verbs in this group:

vestir	*to dress up*
seguir	*to follow*
sugerir	*to suggest*
cobrir	*to cover*
tossir	*to cough*

Some verbs ending in **–er** and **–ir** register stem-consonant change. Here are some examples:

Pronome pessoal	*Ouvir (to listen)*	*Pedir (to ask)*	*Perder (to lose, to miss)*	*Poder (can, may)*
eu	ouço	peço	perco	posso
tu	ouves	pedes	perdes	podes
você/ele/ela	ouve	pede	perde	pode
nós	ouvimos	pedimos	perdemos	podemos
a gente	ouve	pede	perde	pode

Some verbs change the spelling of the stem consonant in the **eu** form to maintain the consonant sound:

c – ç

g – j

gu – g

Pronome pessoal	*Conhecer (to know)*	*Reagir (to react)*	*Conseguir (to get)*
eu	*conheço*	*reajo*	*consigo*
tu	conheces	reages	consegues

você/ele/ela	conhece	reage	consegue
nós	conhecemos	reagimos	conseguimos
a gente	conhece	reage	consegue

Exercício 4

Conversando com seu amigo. Observe as fotos abaixo e pergunte o que ele gosta e quais são as preferências dele. Não repita verbos. *Look at the pictures and the examples. Then follow the model to write questions and answers.* Do not repeat verbs.

> **Exemplo:** Eu *sirvo* <u>babata frita com bife</u> no almoço.
>
> Você também *serve* batata frita com bife no almoço?
>
> Seu amigo: Não, não *sirvo* batata frita com bife no jantar.

1. Prato feito

Eu _____.

Você _____?

Seu amigo: _____.

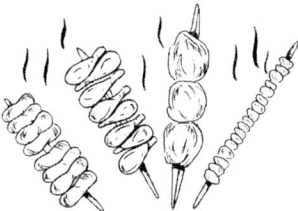

2. Churrasco

Eu _____.

Você _____?

Seu amigo: _____.

3. Legumes

Eu _____.

Você _____?

Seu amigo: _____.

4. Suco de
   abacaxi

Eu _____.

Você _____?

Seu amigo: _____.

Exercício 5

Seu hábitos alimentares. Responda as perguntas abaixo com a
forma apropriada dos verbos. *Answer the questions below with the
appropriate forms of the verbs.*

Você pode comer de tudo?

_____

_____

Você tem alergia a algum tipo de comida?

_____

_____

O que você quer comer durante sua próxima visita ao Brasil?

_____

_____

Você conhece outros restaurantes brasileiros?

_____

_____

Exercício 6 (Audio 1.28)

Leia as perguntas abaixo. Em seguida, ouça a conversa da Jussara com a nutricionista e responda às perguntas abaixo com as informações sobre consulta da Jussara. *Jussara is at the nutritionist's office. Listen to the converstion carefully to answer the questions below.*

1   O que a Jussara gosta de comer?
2   Como a Jussara se descreve?
3   O que a Jussara pergunta para a nutricionista?
4   O que Jussara quer?

Language point (Audio 1.29)

Os números cardinais - de 100 à 1000

cem morangos   duzentos morangos   mil melâncias

100 – cem	700 – setecentos/setecentas
102 – cento e um	800 – oitocentos/oitocentas
120 – cento e vinte	900 – novecentos/novecentas
200 – duzentos/duzentas	917 – novecentos **e** dezessete
300 – trezentos/trezentas	1000 – mil
400 – quatrocentos/quatrocentas	1.510 – mil quinhentos **e** dez
500 – quinhentos/quinhentas	10.000 – dez mil
600 – seiscentos/seiscentas	1000000 – um milhão

In Portuguese the cents are written in the masculine and feminine form to agree with the noun that follows. For example:

cem morangos   duzentas melâncias   mil e trezentas bananas

Use 100 for exact numbers, but for numbers above one hundred we use "cento". For example:

100 = cem

101 = cento e um

Use **e** between all elements of compound numbers, except between thousands and hundreds when hundreds are followed by tens and units.

187 = cento **e** oitenta **e** sete

4.894 = quatro mil oitocentos **e** noventa **e** quatro

7.500 = sete mil **e** quinhentos

6 (seis) – Brazilians also say **meia** « from *meia dúzia* = half dozen »

Meia is also used to express (half hour – see Unit 1 to review telling the time)

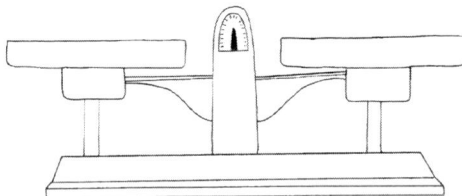

Unidades de medida – Measurements

1 quilo = 1 kg

mei**o** quil**o** = ½ kg

mei**a** banan**a** = half a banana

Exercício 7

Calculando os preços. Responda às perguntas com os preços dos alimentos. *Answer the questions below.*

R$6   R$2.50   R$17   R$1.59

Exemplo: Quanto custa um quilo de açaí? Um quilo de açaí custa três reais.

1   Quanto custa o arroz?

_____

2   Qual é o preço da melancia?

_____

3   Quanto custa um quilo de morango?

_____

4   Quanto custa meio quilo de frango?

_____

Exercício 8 (Audio 1.30)

Carlos e Jussara estão conversando sobre os preços dos alimentos em Natal. Ouça com atenção e escreva os preços de cada refeição deles. *Carlos and Jussara are talking about the prices of food in Natal. Listen to the conversation carefully to complete the chart below.*

As refeições	Os preços R$	As refeições	Os preços R$
(a) O café da manhã da Jussara		(a) O café da manhã do Carlos	
(b) O almoço da Jussara		(b) O almoço do Carlos	
(c) O jantar da jussara		(c) O jantar do Carlos	
A Jussara gasta _____ com suas três refeições		O Carlos gasta _____ com suas três refeições	

Complete: Qual é o total de gastos?

A Jussara gasta _____ com suas refeições.

O Carlos gasta _____ com suas refeições.

Exercício 9

A alimentação dos brasileiros. Leia a tabela abaixo. Em seguida, escreva perguntas e respostas sobre as informações lidas. *Look at the table below. Write questions and answers as shown in the example.*

Example: leite e achocolatado

Quantos brasileiros consomem leite?

Setenta e três por cento dos brasileiros consomem leite e achocolatado.

Oitenta e cinco por cento (85%) dos brasileiros consomem café.

1 Pão francês

2 Legumes

3 Arroz, feijão e frango

4 Carne bovina

5 Manteiga

6 Ovos

Café-de-manhã	
Café	85%
Pão francês	76%
Leite	73%
Manteiga	28%
Margarina	22%
Queijo	22%
Bolacha salgada	15%
Achocolatado	15%

Almoço	
Arroz	96%
Feijão	94%
Carne bovina	69%
Frango	42%
Salada	30%
Macarrão	24%
Legumes	18%
Ovos	14%
Peixe	12%

Jantar	
Arroz	74%
Feijão	68%
Carne bovina	51%
Frango	32%
Salada	24%
Macarrão	17%
Sopa	15%
Legumes	13%
Ovos	12%

Diálogo 2: No bar **(Audio 1.31)**

GARÇOM:	Boa tarde.
CARLOS:	Boa tarde. Uma mesa para dois?
GARÇOM:	Tenho mesas aqui dentro e lá fora. Vocês querem uma mesa ou preferem ficar no bar?
CARLOS:	Eu prefiro uma mesa lá fora.
BARISTA:	O que vocês gostariam de beber?
JUSSARA:	Uma caipirinha com açúcar e gelo.
CARLOS:	Para mim, uma cerveja.
JUSSARA:	Essa caipirinha já *me deu fome*. Vamos pedir a conta?

BARISTA:	Aqui está a conta, amigão.
CARLOS:	O quê? 58 reais? *Que absurdo*!
JUSSARA:	Acho tudo muito caro nesta cidade! Preciso usar o cartão de crédito.

CARLOS: Quanto damos de gorjeta?
JUSSARA: 58 reais mais gorjeta! Enlouqueceu! *Nem pensar!*
CARLOS: Ai… como você é pão dura!

Expressões úteis!

"Nem pensar!" = *no way!*
"Me deu fome!" = *I got hungry!*
"Que absurdo!" = *That is ridiculous!*
"Você é tão pão-dura (ser pão-duro ou pão-dura)! " = *Uh, you are so thrifty!*
Onde estão as taças? *Where are the wine glasses?*
A mesa está posta! *The table is set!*

Dialogue 2: At the bar

GARÇOM: Good afternoon. How many people?
CARLOS: Good afternoon. A table for two, please.
GARÇOM: You can seat inside or outside. Would you prefer to be in the bar?
CARLOS: I prefer a table outside.
JUSSARA: Me too.
GARÇOM: What would you like to drink?
JUSSARA: A caipirinha with sugar and ice, please.
CARLOS: A beer, please.
JUSSARA: I'm hungry after drinking this caipirinha. Let's ask for the check?

BARISTA: Here is the check.
CARLOS: What? 58 reais? This is ridiculous!
JUSSARA: I find everything so expensive in this city! I need to use my credit card.
CARLOS: How much is the tip?
JUSSARA: R$58 plus the tip! *No way!*
CARLOS: Ai … You are so thrifty!

Exercício 10

Correto ou Incorreto? Verificando a leitura. *Read the dialogue and mark the statements below as true or false.*

1 Jussara pede uma caipirinha sem açúcar e com gelo. C I
2 Carlos bebe uma cerveja. C I
3 Jussara e Carlos resolvem ficar dentro do restaurante. C I
4 Eles não dão gorjeta. C I
5 Carlos acha a conta barata. C I

Language point

Preposições de lugar – Prepositions used to locate things (Audio 1.32)

A faca de peixe está **entre** a faca para carne e a colher de sopa

O prato de sopa está **dentro** do prato raso.

A colher e o garfo para sobremesa estão **em/à frente** do prato raso e *ao lado do* prato de pão.

Preposições

ao lado = next to

atrás = behind

em frente de / à frente de = in front of

do lado direito = on the right

do lado esquerdo = on the left

debaixo = under

em cima = on top of

dentro de = inside

Exercício 11

A. **Onde estão?** *Talk about the location of each object on the table illustrated on page 60. using "onde está?/onde estão?"*

> **Example:** Onde está o guardanapo?
>
> O guardanapo está **ao lado** dos garfos.

B. Escreva oração como no exemplo acima. *Write sentences as displayed in the example above.*

1. _____

2. _____

3. _____

4. _____

Diálogo 3: Que cardápio enorme! (Audio 1.33)

GARÇOM: Boa noite. Uma mesa para dois?

CARLOS: Por favor.

GARÇOM: Aqui está o cardápio.

JUSSARA: Obrigada!

GARÇOM:	Prontos para pedir?
CARLOS:	Para mim, um peixe frito com uma salada grega, por favor.
JUSSARA:	Eu quero experimentar a salada de frutos do mar.

CARLOS:	Vamos pedir a conta? Você não quer sobremesa?
JUSSARA:	Ora, que pergunta! Você sabe que sempre peço sobremesas.
GARÇOM:	Vocês gostariam de pedir sobremesa?
CARLOS:	Não, obrigado.
JUSSARA:	Quero um quindim e um cafezinho sem açúcar, por favor.

Dialogue 3: In the restaurant: What a huge menu!

GARÇOM:	Good evening, a table for two?
CARLOS:	Please.
GARÇOM:	Here is the menu.
JUSSARA:	Thank you!
GARÇOM:	What would you like to eat?
CARLOS:	Fried fish with Greek salad, please.
JUSSARA:	I want to try the seafood salad.
CARLOS:	Shall we ask for the check? Don't you want dessert?
JUSSARA:	What a question! You know that I always order desserts.
GARÇOM:	Would you like desserts?
CARLOS:	No, thank you.
JUSSARA:	I want a *quindim* and a coffee without sugar, please.

Exercício 12

Recriando ... Organize as palavras em frases lógicas. *Put these phrases into a logical order.*

1   vamos e Eu Marina a uma pedir salada

_____

2   o você pede cardápio

_____

3   cartão com conta pagamos a

_____

4   quero quindim experimentar o

_____

5   quer hoje a gente pão apenas e água

_____

Vocabulário e expressões

A
C B

Asking for a table and ordering food in a restaurant and in a snack bar

A conta por favor – *the check, please*
Eu gostaria de – *I would like to*
Lanchonete – *snack bar*
Pão-duro – *a thrifty person*
Posso pagar com cartão?/Vocês aceitam cartão? – *Can we pay with credit card; is credit card accepted?*
Quero – *I want to*
*Quindim – *is a popular Brazilian baked dessert, made chiefly from sugar, egg yolks, and ground coconut. It is custard and usually presented as an upturned cup with a glistening surface and intensely yellow color.*

Talking about habits

*Antes de – *before*	Nunca – *never*
Às vezes – *sometimes*	Sempre – *always*
*Depois de – *after*	Todo dia – *everyday*
Geralmente – *usually*	

*Usually **[depois de]** and **[antes de]** are followed by a noun or a verb in the infinitive.

Depois de estud<u>ar</u>, quero dormir.

Depois *da* **(de + a)** *aula*, vou para casa.

Unit Four
A família e os amigos
Family and friends

At the end of this unit, you will be able to:

- continue describing people both physically and psychologically
- talk about family relationships and events
- use possessive adjective pronouns
- use the preterit of regular and irregular verbs
- describe events in past

Diálogo 1: Uma festa de aniversário (Audio 1.34)

JULIANA:	Você convidou o Léo para o aniversário do Gabriel?
VINÍCIUS:	Enviei todos os convites, mas muitas pessoas não confirmaram ainda, entre elas o Léo. Acho que a Flávia vai trabalhar.
JULIANA:	Que coisa! Não acredito! Temos que mudar a data. Eles não podem faltar.
VINÍCIUS:	Juliana, pensei que não podíamos mais mudar as datas.
JULIANA:	Eu li o contrato da casa de festas e não tem nada sobre a mudança de datas do evento. Quem já confirmou?
VINÍCIUS:	Seus pais, suas tias, suas primas e seus avós já confirmaram.
JULIANA:	A vovó vem? Que ótimo! E, em sua família, alguma notícia?
VINÍCIUS:	Seu sogro disse que vem, mas sua cunhada, seu cunhado e sua sogra ainda não ligaram para confirmar.
JULIANA:	Que povo *enrolado*!

Atenção!

It is very common to hear the expressions "que gente enrolada", "que povo enrolado", "que pessoa enrolada".

Enrolado means *rolled up*

In the dialogue Juliana says: "Que povo enrolado". In this context, *enrolado* means "flaky"

Dialogue 1: A birthday party

JULIANA:	Did you invite Léo for Gabriel's birthday party?
VINÍCIUS:	I did, but he has not confirmed yet. I think Flávia is going to work this Saturday.
JULIANA:	I can't believe it! We have to change the date because they cannot miss it.
VINÍCIUS:	Juliana, I thought we could not change the dates anymore.
JULIANA:	I read the catering's contract and there is no information regarding the change of an event's date. Who had already confirmed?
VINÍCIUS:	Your parents, aunts, cousins, and grandparents have confirmed.

JULIANA: Grandma is coming! Great! What about your family?
VINÍCIUS: Your father-in-law said his is coming, but your sister-in-law, brother-in-law, and mother-in-law did not confirm yet.
JULIANA: What a flaky people!

Vocabulário e expressões

avós – *grandparents*

bisavó – *great grandmother*

bisavô – *great-grandfather*

bisneta – *great grandaughter*

bisneto – *great grandson*

casa de festas – *buffet; catering*

confirmar – *to confirm*

contrato – *contract*

convidar – *to invite*

convite – *invitation*

cunhada – *sister in law*

cunhado – *brother in law*

data – *date*

enviar – *to send*

evento – *event*

gente animada – *lively/fun family*

já – *already*

li (ler) – *to read*

materno – *from my mother's side*

mudança – *a change**

mudar – *to change/to move*

ótimo – *great*

pais – *parents**

parentes – *relatives*

paterno – *from my father's side*

prima – *cousin (fem.)*

primo – *cousin (masc.)*

que – *what/that*

quem – *who*

sogra – *mother in law*

sogro – *father in law*

ter – *to have*

tios – *uncles (it can also be used to designate a group of uncle and aunt – plural)*

traballhar – *to work*

vem (vir) – *to come**

vivo – *alive*

vovô – *grandfather*

vovó – *grandmother*

Atenção!
Parentes is a false cognate. In Portuguese, it means *relatives*. If you want to say **parents**, use **pais**.

Exercício 1

É verdade? Leia o diálogo 1, e verifique se as seguintes informações são verdadeiras (V) ou falsas (F). *Read dialogue 1 and check whether the statements are true (T) or false (F).*

1   (   ) Vinícius enviou os convites.
2   (   ) Todas as pessoas confirmaram.
3   (   ) O dia da festa pode ser mudado 2 vezes.
4   (   ) Os pais, os avós, as tias e primas confirmaram.
5   (   ) Os sogros e as cunhadas da Juliana não confirmaram.
6   (   ) Não tem pessoas enroladas na família do Vinícius.

> **Para escutar:**
> Família (Titãs)

A família da Juliana

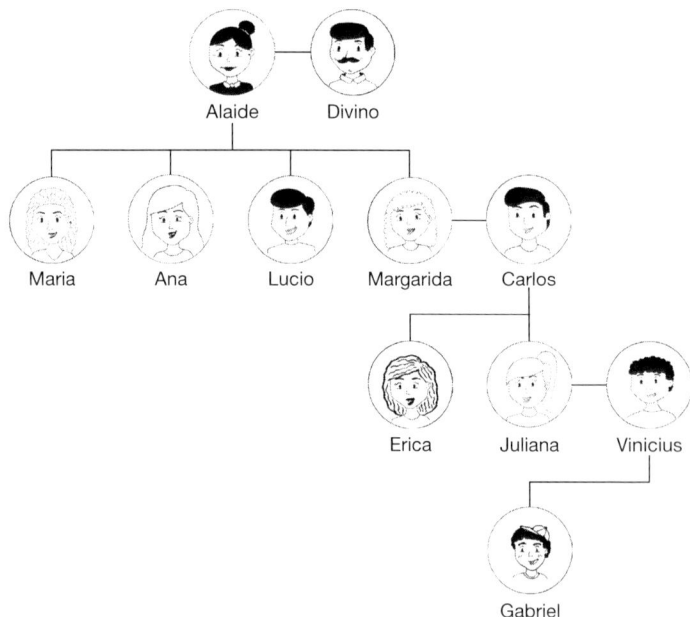

Exercício 2 (Audio 1.35)

Relacionamentos. Observe a árvore genealógica da Juliana e escreva orações que indiquem eia qual é a relação entre as pessoas listadas abaixo. *Read the description of Juliana's family tree write sentences indicating the relationship between the people listed below.*

Exemplo: Juliana/Margarida = Juliana é a filha da Margarida.

Érica/Vinícius = _____

Alaíde/Gabriel = _____

Divino/Carlos = _____

Vinícius/Margarida = _____

Carlos/Gabriel=_____

Exercício 3 (Audio 1.36)

Leia a descrição da família da Eliana e escreva uma história sobre a sua família. *Read the following description and write a similar one, based on your own family.*

O meu nome é Eliana. Eu tenho 40 anos. A minha família é grande. O meu pai se chama Leonardo e a minha mãe Leda. Eu tenho três irmãs, a Márcia, a Lúcia e a Denise. Eu tenho uma filha, a Nayana. Ela tem 8 anos e é uma criança linda. Minhas irmãs Márcia e Lúcia também tem filhas. Somos uma família de mulheres. Eu moro no litoral de São Paulo e os meus pais numa cidade do interior. Eu tenho cinco tias e dois tios maternos, e seis tias e cinco tios paternos. Tenho 32 primos, 22 primas e 10 primos. Adoro quando nos reunimos.

(blank lined writing space)

🔍 Language point

Verbos regulares no pretérito perfeito –
Regular verbs in the simple past

Regular verbs in the simple past are used to talk about completed actions in the past. All the regular verbs will receive the same ending (suffix) when conjugated in the simple past. Observe the conjugation of the verbs *in the preterit* below:

	First conjugation	*Second conjugation*	*Third conjugation*
	Convid**ar**	Beb**er**	Assist**ir**
Eu	Convid**ei**	Beb**i**	Assist**i**
Tu	Convid**aste**	Beb**este**	Assist**iste**
Você/ele/ela	Convid**ou**	Beb**eu**	Assist**iu**
Nós	Convid**amos**	Beb**emos**	Assist**imos**
A gente	Convid**ou**	Beb**eu**	Assist**iu**
Vocês/eles/elas	Convid**aram**	Beb**eram**	Assist**iram**

Mais verbos

convidar (*to invite*)	comer (*to eat*)	assistir (*to watch/assist*)
confirmar (*to confirm*)	beber (*to drink*)	subir (*to climb*)
trabalhar (*to work*)	escrever (*to write*)	partir (*to leave*)
enviar (*to send/deliver*)	agradecer *(to thank)*	pedir (to ask)
pensar (*to think*)	adorar *(to love/adore)*	perder *(to lose)*
acabar (*to finish*)	ganhar *(to win/earn)*	
ficar (*to stay/become/get*)	planejar *(to plan)*	
dançar (*to dance*)	querer *(to want)*	

The verb **beber** means to drink, but when it does not precede a type of drink, it will mean to drink alcohol.

> Ele **bebe** *cerveja e vodka*. (He drinks beer and vodka.)
>
> Ele **bebe** *água*. (He drinks water.)
>
> Ele bebe ø. (He drinks *alcohol*).

Both the verbs **achar** and **pensar** mean *to think*. Generally, we use achar que (to think that) when we are expressing our opinion and **pensar** is usually translated as "think about", "think ... through", "think of" or elaborating, meditating, making a decision, in the last case the gerund is very common.

> Eu **acho** que vou. (I think I will go)
>
> Estou **pensando** em ir. (I am thinking about going.)

Exercício 4

O que falta? Substitua as estrelas por verbos conjugados no pretérito. *Replace the stars in the text with the appropriate form of the verbs listed below.*

> beber (3x) – comer – partir – ficar – acabar – chegar
> subir – confirmar – comprar – pedir

A família do Gabriel é animada. Os tios e as tias dele ★ a presença na festa. Eles ★ os presentes que o Gabriel ★. Para chegar à festa, os parentes do Gabriel ★ muitos degraus. Eles ★ estavam cansados e com sede. Eles ★ muito guaraná. A avó e o avô do Gabriel não ★ durante a festa, mas todos os outros convidados ★ muito, e depois ★.

Gabriel ★ muito triste depois que a festa ★.

Language point

Pronomes possessivos adjetivos – Possessive adjective pronouns (Audio 1.37)

Singular				Plural			
Masculino		Feminino		Masculino		Feminino	
meu	*my*	minha	*my*	meus	*my*	minhas	*my*
teu	*your*	tua	*your*	teus	*your*	tuas	*your*
seu	*your*	sua	*your*	seus	*your*	suas	*your*
dele	*his*	dela	*her*	deles	*his*	delas	*his*
nosso	*our*	nossa	*our*	nossos	*our*	nossas	*our*

The *possessive adjective pronouns* **meu**, **teu**, **seu**, **nosso** and their variations agree with the object possessed in gender and number, and are usually placed before the object. The pronouns **dele** and **dela** agree with the subject of the sentence and are generally placed after the "object" owned.

Meu avô	Minha avó
Teu Tio	Tua tia
Seu sobrinho	Sua sobrinha
O bisavô dele	O bisavô dela
Nossos familiares	Nossas avós

Diálogo 2: Depois da festa
(Audio 1.38)

GABRIEL: Mãe, obrigada pela festa!
JULIANA: Meu filho, que bom que você gostou!
GABRIEL: Acho que meus amigos adoraram também!
JULIANA: Todo mundo telefonou para agradecer!
GABRIEL: E eu ganhei muitos presentes!
JULIANA: Pois é, valeu a pena! Nós nos divertimos e você ficou feliz!
GABRIEL: Ano que vem quero outra festa como esta.
JULIANA: Sim, vamos planejar!

Atenção!
Pois é, valeu a pena! = Well, it was worthy!
Todo mundo = everybody
Vamos planejar! = let's plan!

Dialogue 2: After Gabriel's birthday party

GABRIEL: Mom, thank you for the party!
JULIANA: My son, I am glad you liked it!
GABRIEL: I think my friends also liked it a lot!
JULIANA: Everybody called to thank us for the party!
GABRIEL: And I got a lot of gifts!
JULIANA: Well, it was worthy! We had fun and you were happy!
GABRIEL: Next year I want another party like that.
JULIANA: Yes! We will plan it (We will make plans)!

Exercício 5

Releia a árvore da família da Juliana. Em seguida, substitua as palavras sublinhadas (os membros da família e os pronomes possessivos) no diálogo abaixo pelos respectivos nomes da árvore genealógica da

Juliana. *Reread Juliana's family tree (p. 68). Then, replace the underlined words (family members and possessive pronouns) with their respective names in the dialogue below.*

ÉRICA: Ju, como estão os preparativos para o aniversário do meu sobrinho?

JULIANA: Quase tudo pronto para a festa, minha irmã!

ÉRICA: A vovó vai?

JULIANA: Claro! A vovó e o vovô nunca faltaram aos aniversários de seus netos e bisnetos.

ÉRICA: Pensei que o papai e a mamãe estariam viajando.

JULIANA: Eles mudaram as datas da viagem.

ÉRICA: Tudo pelo netinho! Os seus sogros e cunhados também vêm?

JULIANA: Ainda não sei. Os parentes do Vinícius são muito enrolados._Minha cunhada e meu cunhado são médicos e perdem muitas festas por causa dos seus plantões.

ÉRICA: Enquanto eles trabalham nós comemoramos

Exercício 6

Como é a família da Juliana? Complete as orações abaixo indicando o relacionamento entre cada uma das pessoas. *Complete the sentences expressing the relationship among the people in Juliana's family tree.*

> **Exemplo:** Alaíde é a esposa do Divino. Eles são os avós da Juliana.

1   Ana e Margarida são _____ do Divino e da Alaíde.
2   O Carlos é _____ do Lúcio e _____ do Divino.
3   A Juliana e a Érica são _____ da Ana.
4   O Gabriel é _____ do Divino e da Alaíde, e é _____ do Carlos e da Margarida.
5   O Divino é _____ do Carlos.
6   O Léo e a Flávia são _____ do Gabriel. A Flávia é _____ do Léo que é o _____ dela.

Exercício 7

Como é a sua família? Responda às perguntas sobre sua família. *Answer the following questions in relation to your family.*

1 Quantos irmãos você tem?
2 Como os seus avós se chamam?
3 Quantos primos e primas você tem?
4 Seus bisavôs maternos estão vivos?

Exercício 8 (Audio 1.39)

Parabéns pra você!! Juliana, Vinícius e Érica estão escrevendo a lista de convidados para a festa do Gabriel. Ouça a conversa atentamente e complete o diálogo abaixo. *Juliana, Vinicius and Érica are writing the list of invitees for Gabriel's birthday. Listen carefully and complete the statements below.*

A lista de convidados da Juliana tem _____ convidados. São 13 _____, 8 _____ e _____. Juliana também vai convidar 52 _____ e 6 _____, 4 _____ e 2 _____.

Language point

Verbos irregulares no presente

	LER *(to read)*	IR *(to go)*	VIR *(to come)*
Eu	**leio** a carta	**vou** viajar	**venho** para a festa
Tu	**lês** o contrato	**vais** nadar	**vens** de casa
Juliana	**lê** o e-mail	**vai** dormir	**vem** de taxi
Você	**lê** o jornal	**vai** a pé	**vem** cedo

(continued)

(continued)

A gente	**lê** o livro	**vai** de ônibus	**vem** hoje
Ele	**lê** o contrato	**vai** para o Rio	**vem** comigo
Nós	**lemos** o contrato	**vamos**	**vimos** tarde

Below you will find commonly used constructions with verb IR:

IR + verb in infinitive form to indicate near future:	⟶	**Vou ler** um livro.
IR + PARA (go to) to indicate moviment:	⟶	**Vou para** o Rio de Janeiro.
IR + DE (go by) to indicate transportation:	⟶	**Vou de** ônibus. (I go by bus)

Exception: Vou **à** pé! (Go on foot)

The verb **VIR** (to come) is used to talk about coming to a place where you are **at the moment of the conversation**.

Eu **venho** (I come).

We use **IR** to talk about going to a different place from where you are at the time of the conversation:

Eu **vou** à festa do Gabriel.

Diálogo 3: Tudo pronto?
(Audio 1.40)

ÉRICA: Você está pronto? Tudo pronto?
RENATO: Tudo! Mala pronta! Rio de Janeiro, aqui vamos nós!
ÉRICA: A que horas é o nosso voo?
RENATO: Às 11:45, mas não se preocupe, o voo é curto.

ÉRICA: Não dá tempo nem para ler uma revista!
RENATO: Você lê na praia!

Para escutar:
Vamos fugir (Gilberto Gil)

Diálogo 3: Is everything ready?

ÉRICA: Are you ready? Is everything ready?
RENATO: Everything is ready! I've packed! Let's go to Rio!
ÉRICA: At what time is our flight?
RENATO: At 11:45, but don't worry, the flight is short.
ÉRICA: I won't even have time to read a magazine!
RENATO: You read it at the beach!

Exercício 9

A viagem para o Rio. Leia as respostas e escreva perguntas sobre o diálogo acima. *Read the answers and write questions about the dialogue.*

1 _____?

A voo do Renato e da Érica é às 11:45.

2 _____?

Eles vão viajar para o Rio de Janeiro.

3 _____?

Érica vai ler revistas durante o voo.

4 _____?

Renato vai nadar.

Exercício 10

Conexão lógica. Relaciona cada verbo a uma oração apropriada. *Match the verb to the appropriate sentence.*

1 leio   ( ) Nós _____ para a festa do Gabriel.

2 vai   ( ) Tia Juliana e Tio Vinícius _____ à casa de festa.

3 vem   ( ) Eu _____ muitas revistas(magazines).

4 lê   ( ) Eu _____ do trabalho às dez da noite.

5 vimos   ( ) Tia Taís _____ poucos livros (books).

6 venho   ( ) Tia Érica _____ para a festa do Gabriel depois do
                trabalho.

7 vão   ( ) Vovô Carlos _____ de carro para a casa da Juliana.

Language point

Verbos irregulares no pretérito – LER, IR, SER E VIR

	LER	IR/SER	VIR
Eu	li o contrato	fui	vim
Tu	lestes o contrato	fostes	vieste
Juliana	leu o contrato	Foi	veio
Você	leu o contrato	foi	veio
Ele	leu o contrato	foi	veio
A gente	leu o contrato	foi	veio
Nós	lemos o contrato	fomos	viemos
Eles/elas/vocês	leram o contrato	foram	vieram

Note that the conjugation of **IR** and **SER** in the simple past is the same.

Diálogo 4: Que bom que vocês vieram! (Audio 1.41)

MARGARIDA: Que bom que você veio!

MARIA: Viemos atrasadas, mas viemos!

MARGARIDA: O que aconteceu? Vocês se perderam?

MARIA: Não, lemos o horário errado. Saímos às 6 e quando chegamos à casa do Lúcio a Eliana foi tomar banho e demorou muito.

MARGARIDA:	Ah! Então está explicado!
MARIA:	Foi por isso que atrasamos. Ficamos 2 horas na casa do Lúcio.
MARGARIDA:	Pelo menos chegaram antes do bolo.
MARIA:	Então, vamos cantar os parabéns?

Dialogue 4: It is good you came!

MARGARIDA:	It is good you all came!
MARIA:	We came late, but we are here!
MARGARIDA:	What happened? Were you lost?
MARIA:	No. We misread the invitation. We left at six, and when we arrived at Lúcio's house Eliana went to take a shower and took forever.
MARGARIDA:	Ah! That explains it!
MARIA:	That is why we arrived late. We stayed 2 hours at Lúcio's house.
MARGARIDA:	But, at least we arrived before cutting the cake.
MARIA:	Then, let's sing happy birthday?

Exercício 11

É meu ou seu? Complete o diálogo com os pronomes possessivos. *Complete the dialogue below with the possessive pronouns*

meu	seu	sua	minha	nossa	nosso	dele	dela

LÚCIO: _____ filho foi para São Paulo.
CARLOS: Ele foi sozinho? _____ filha foi também.
LÚCIO: _____ filho foi sozinho?
CARLOS: Não, ele foi com a namorada _____.
LÚCIO: E _____ esposa também viajou?
CARLOS: Não. Ele ficou com a mãe _____.

Exercício 12

Reescreva as orações abaixo no presente do indicativo. *Rewrite the sentences in the present tense.*

1   Eu fui à praia. _____

2   Eles leram o jornal. _____

3   Mariana bebeu muito. _____

4   Eles vieram cedo para casa. _____

5   Nós fomos de carro para a praia. _____

Exercício 13

Como se diz em português? Traduza as orações abaixo para português. *Translate the sentences below into Portuguese.*

1   Lucas went to Rio de Janeiro. _____

2   Marcos read two magazines yesterday. _____

3   My grandparents came to Gabriel's party. _____

4   Vinícius enviou o convite. _____

Unit Five

Festas e tradições brasileiras

Brazilian traditions

At the end of this unit, you will be able to:

- participate in a conversation about commemorative dates and Brazilian traditions
- master the use of the preterit (simple past)
- use the preterit imperfect of indicative
- understand the contrast between the perfect and imperfect
- make comparisons

Diálogo 1: Um carnaval inesquecível (Audio 1.42)

In 1994, Ana and Roberto spent the carnival in Salvador, Bahia. This was the first time that they traveled together during the carnival.

ANA: Ontem eu me lembrei muito das nossas viagens. Você ainda se lembra *daquele* Carnaval de 1994?

ROBERTO: *Isso* é pergunta que se faça? Claro! Como vou me esquecer dos dias em que viajamos, caímos na folia, dançamos, bebemos e namoramos como nunca.

ANA: Foram 8 dias inesquecíveis! Você guardou as fotos *daquele* ano?

ROBERTO: Você não vai acreditar! Essas fotos estavam naquele
                 móvel da sala …
ANA: Por favor, não venha me dizer que *essas* fotos
                 sumiram!

Dialogue 1: An unforgettable carnival

ANA: Yesterday, I thought of our trips. Do you remember
                 that carnival of 1994?
ROBERTO: What a question! Of course! How could I forget those
                 days when we played carnival, danced, drank, and
                 flirted like there was no tomorrow.
ANA: Unforgettable days! Where do you keep the photos?
ROBERTO: You won't believe this!
ANA: Please, don't tell me they've disappeared!

Estas ou essas?

ROBERTO: *Estas aqui* são as fotos que você quer?
ANA: Sim. *Essas aí* mesmo!

Aquelas?

ANA: E *aquelas lá*? De quando são?
ROBERTO: *Aquelas* são da nossa viagem à Paris.

As observed in the illustration above, choice of **este/esse – esta/esse** depends on the distance between the speaker and the interlocutor. However, in colloquial Brazilian Portuguese this difference has disappeared. Speakers have been using **este/esse** and variations interchangeably instead.

Languague point

Releia as orações

Você ainda se lembra *daquele* Carnaval de 1994

Isso é pergunta que se faça?

Você guardou as fotos *daquela* época?

Essas fotos estavam naquele móvel da sala …

Daquele, **isso**, **daquela**, **essa** are **demonstrative pronouns**. They are usually associated with the speaker and the interlocutor. We use these pronouns to refer to a human being or things (this/these – that/those).

While *esse*, *essa*, *aquele* and *aquela* vary in gender and number and follow a noun or an adjective, *isso*, *isto* and *aquilo* are neuter forms. Even though *isso*, *isto* and *aquilo* also mean *this* and *that*, they cannot be used to replace esse, este and aquele. *Isso*, *isto* and *aquilo* are used when we want to refer to an entity that is inanimate or not identified by name, to refer to "it" explicitly in a contextualized phrase.

English	Masculine singular	plural	Feminine singular	plural
this	este	esse	esta	essa
these	estes	esses	estas	essas
that	aquele	aqueles	aquela	aquelas

Exemplos:

Carnaval (masculino singular) – daquele (masculino singular) = *daquele* carnaval

Fotos (feminino plural) – essas (feminino plural) = *essas* fotos

Foi *isto* que eu disse. That is what I said.

Vocabulário e expressões

A
CB

acreditar – *to believe*
bebemos (beber) – *to drink*
cair (caímos) – *to fall*
"cair na folia" – *to participate intensively of a party, a feast or a carnival*
carnaval – *carnival*
daquele – *of that*
esquecer (esquecer-se de) – *to forget*
guardar – *to keep, to save*

inesquecível – *unforgettable*
lembrar (lembrar-se de) – *to remember*
namorar – *to date someone*
ontem – *yesterday*
sumir – *to disappear; to vanish; to get lost*
viagem – *trip*
viajamos (viajar) – *to travel*
viajamos (viajar) – *to travel*

Exercício 1

Correto ou incorreto? De acordo com o dialogo 1, as orações abaixo estão certas ou erradas? Circule SIM para as corretas ou NÃO para as erradas. *Read the sentences. Are they correct? Circle YES or NO.*

Ana se lembrou dos aniversários da família.	SIM NÃO
Roberto e Ana passaram o carnaval de 1994 juntos.	SIM NÃO
Ana perguntou ao Roberto onde estavam os vídeos da viagem.	SIM NÃO
Eles passaram 8 dias juntos em Salvador.	SIM NÃO
Durante o carnaval, dançaram, beberam e namoraram.	SIM NÃO

Você sabia que muitas festas brasileiras como o Natal e a Páscoa são comemoradas em família?

Por outro lado, o Carnaval e o Ano Novo, por exemplo, são comumente celebrados com amigos. O Carnaval não é sempre celebrado nos mesmos dias e meses. Alguns anos ele é celebrado em fevereiro, e em outros em março.

Culturalmente falando

Festas e tradições Brasileiras

Brazilian Traditional Festivals and Holidays – Carnival and Festas Juninas – What do you know?

O que você sabe sobre o Carnaval, as Festas Juninas e as festas religiosas do Brasil?

O Carnaval (Audio 1.43)

As festas que **aconteciam** antes da quarta-feira de cinzas, **eram** conhecidas na Europa como Entrudo (século XI), brincadeiras de rua nas quais **jogavam** água e farinha de trigo sujando as pessoas. A partir do século XIX, sob a influência dos carnavais da Europa, principalmente da França e da Itália, <u>instituiu</u>-se no Brasil um carnaval classicista, para a elite. Ao mesmo tempo, as populações pobres e predominantemente negras, influenciadas pelas heranças rítmicas africanas e pelos Entrudos iniciam manifestações populares pelas ruas das cidades, os animados blocos e cordões de carnaval. <u>Surgiram</u> no Rio de Janeiro os batuques que posteriormente se <u>consagraram</u> em sambas. Em Salvador, <u>vieram</u> os afoxés, grupos pertencentes ao Candomblé, que **cantavam** músicas do dialeto africano de origem nagô, acompanhados de percussão. O Carnaval se <u>espalhou</u> por todo o Brasil e <u>incorporou</u> características peculiares a cada região do país, e se <u>transformou</u> numa das maiores festas populares do mundo.

The Carnival

In the XI century, the Carnival was usually celebrated before Ash Wednesday and was known in Europe as *Entrudo*. The parade was characterized by street games in which people threw flour and water at each other. Since the nineteenth century, under the influence of European Carnival, more precisely France and Italy, the Brazilian Carnival has become a classist event for the elite. At the same time, the poor population, predominantly black, has influenced the African rhythm and from the Entrudos have come popular parades through the streets with animated "Mardi Grass" carnival parades. In the city of Rio de Janeiro, the percussion later became sambas. In Salvador, there were the *afoxés,* a group that was linked to *Candomblé* which sang music originating from *Nagô*, an African dialect, that was accompanied by percussion. The Carnival has proliferated throughout Brazil and taken on the characteristics of each Brazilian region. As a result, it has become one of the most popular festivals in the world.

Exercício 2

O carnaval. Complete as orações abaixo com as informações do texto. *Complete the statements below with the information from the text.*

1   A cultura _____ influenciou o Carnaval brasileiro.

2   Em Salvador, o Carnaval, recebeu influência religiosa do _____ _____.

3   O Carnaval começou a ser celebrado no Brasil no _____.

4   O Carnaval era _____ antes da *Quarta-feira de Cinzas*.

5   O Carnaval se _____ por todo Brasil e _____ características peculiares de cada região do país.

Exercício 3

Verbalizando. Releia o teto da página 86 observando os verbos sublinhados. Em seguida, responda às perguntas. *Reread the text on page 86 observing the underlined verbs. Answer the questions.*

1   Em que tempos verbais eles estão conjugados? *What are the verbal tenses employed?* _____.

2   Reescreva os verbos do texto acima na forma infinitiva. *Rewrite the verbs from the text "O Carnaval" in the infinitive form.*

3   Conjugue os verbos da questão 2 no pretérito. *Conjugate the verbs you listed on question 2 (above) in the simple past.*

4   Releia o texto (p.86) prestando atenção nos verbos em negrito. *Reread the text paying attention to the verbs in bold.*

Language point

The use of perfect and imperfect preterit

Aconteciam, eram, jogavam and cantavam, highlighted in the text "O Carnaval", are conjugated in the imperfect. In Unit 4, you learned the simple past (preterit). In Portuguese, as in other Romance languages, we use the preterit to talk about completed actions in the past – actions for which the beginning and the end are explicitly marked – or to list a number of subsequent completed actions in the past. In the text above, the verbs were conjugated in the imperfect to describe actions in the past that were not covered by the simple preterit. We use the imperfect when we want to describe habitual and continuous actions in the past or in descriptions, with concurrent actions and conditions. We also use the imperfect to tell the time, talk about the climate and age, and for personal and physical descriptions of people events and places in the past.

The imperfect tense: regular verbs

	JOGAR	*PODER*	*PARTIR*
eu	jogava	podia	partia
tu	jogavas	podias	partias
você/ele/ela	jogava	podia	partia
nós	jogávamos	podíamos	partíamos
a gente	jogava	podia	partia
vocês/eles/elas	jogavam	podiam	partiam

The imperfect tense: irregular verbs (TER, SER, VIR, PÔR)

Among all the verbs, in the imperfect tense, there are only four irregular verbs. They are conjugated in the table below.

	TER	*SER*	*VIR*	*PÔR*
eu	tinha	era	vinha	punha
tu	tinhas	eras	vinhas	punhas

você/ele/ela	tinha	era	vinha	punha
Nós	tínhamos	éramos	vínhamos	púnhamos
a gente	tinha	era	vinha	punha
vocês/eles/elas	tinham	eram	vinham	punham

Culturalmente falando

O Candomblé é uma religião africana que existe desde os tempos mais remotos daquele continente e foi trazida para o Brasil através do fluxo da escravatura. Escravos de diversas tribos e nações Africanas continuaram a cultuar no Brasil os Orixás negros, suas divindades, e estiveram na origem da criação das chamadas "Casas de Santo" (Ilê), onde continuaram com os seus rituais e preceitos Africanos. As diversas origens das tribos, e as diversas regiões do Brasil onde se implantaram, deram origem às diversas Nações do Candomblé, onde o Ketu é tido como o mais tradicional.

Exercício 4

Verbalizando. Complete as orações abaixo com os verbos na conjugação adequada. *Complete the sentences below with the adequate verb conjugation.*

1 Maria _____ (ir) para Salvador no Carnaval de 1989.

2 Roberto e Ana _____ (viajar) juntos para celebrar o Carnaval todos os anos.

3 Naquela época, as festas juninas _____ (ser) sempre muito animadas no Recife.

4 O Carnaval _____ (ser) celebrado na Europa no século XI.

5 Antigamente as pessoas _____ (jogar) farinha e água uns nos outros.

6 O Carnaval _____ (receber) influências de várias regiões do Brasil.

7 Quando Ana _____ (ter) 15 anos _____ (pular) Carnaval em família.

Exercício 5

Quem fazia a quê? Reescreva as orações no pretérito imperfeito. Faça os ajustes necessários. *Rewrite the sentences in the imperfect making the necessary changes.*

> **Exemplo:** Eu bebi quentão. Eu **bebia** quentão <u>quando</u> **ia** às festas Juninas de minha escola.

1   Eu fui à Espanha. _____quando _____.

2   Eu gostei da viagem. _____quando _____.

3   Cristiane telefonou. _____ enquanto _____.

4   Davi é jovem. _____ quando _____.

Culturalmente falando

Calendário das festas tradicionais brasileiras

Meses	Festas e feriados (datas)
janeiro	Ano Novo e Férias escolares de verão*
fevereiro	Carnaval (data pode variar)

março	Carnaval (data pode variar)
abril	Páscoa (data pode variar)
maio	Dia das Mães – segundo domingo de maio
junho	Festas Juninas (meses de junho e julho) e Dia dos Namorados (*12 June*)
julho	Férias escolares de inverno (mês de julho)*
agosto	Dia dos Pais (segundo domingo de agosto)
setembro	Independência do Brasil (*7 September*)
outubro	Dia das Crianças (*12 October*)
novembro	Dia da Proclamação da República (*15 November*)
dezembro	Véspera de Natal (*24 December*), Natal (*25 December*)
	Véspera de Ano Novo (*31 December*)

Exercício 6

Releia o calendário do exercício anterior. Em seguida, escreva orações descrevendo a maneira, quando e como cada um destes feriados são celebrados. *Reread the calendar above. Then, write sentences using the preterit and the imperfect describing when and how you celebrate each of the traditional holidays listed below.*

Exemplo: FESTAS JUNINAS/TER/CELEBRAR = Quando eu **tinha** 12 anos, eu **celebrava** as Festas Juninas na casa da minha avó.

1 carnaval/ir/dançar = _____

2 ano novo/beber/sair = _____

3 dia dos pais/comprar = _____

4 dia das mães/fazer = _____

5 férias de verão/viajar = _____

6 páscoa/comer/esconder = _____

7 independência/pôr = _____

Diálogo 2: As festas Juninas (Audio 1.44)

ROBERTO: Ana, quando você era criança, você dançava em Festas Juninas?

ANA: Quando eu estava na escola primária eu vestia um vestido de chita, pintava o rosto e ensaiava quadrilha por várias semanas. As festas eram sempre muito animadas em minha escola.

ROBERTO: Eu tenho muita saudade daquela época. Eu usava um chapéu de palha, minha mãe colocava retalhos em minhas calças e fazia uma barba e um bigode em meu rosto com lápis.

ANA: Em minha família nós também fazíamos uma Festa Junina todos os anos para celebrar o aniversário da minha avó.

ROBERTO: Eu só dançava na escola, depois que comecei o colégio eu não queria mais me fantasiar para

participar das festas juninas. Achava que aquilo
era coisa de criança. Mas sempre gostei muito das
comidas típicas.

ANA: Mas você sabia que hoje em dia as Festas Juninas
ficaram muito populares no Brasil inteiro, muitas
pessoas de idades diferentes participam das festas?

ROBERTO: Claro! Assim como há concursos das escolas de
samba do Rio de Janeiro, em outros estados do
Brasil há concurso das quadrilhas. É uma festa muito
bonita.

Dialogue 2: June festivals in Brazil

ROBERTO: Ana, did you dance in June Festivals when you were
a child?

ANA: When I was in elementary school I used to put on
the *Chita* dress, make-up and rehearse *quadrilha*
[traditional dance of the June Festivals] many times
a week. The June Festivals were always very good in
my school.

ROBERTO: I miss that time. I used a straw hat, and my mom would
sew colorful pieces of fabric on my pants and draw a
beard and mustache on my face using make-up.

ANA: My family used to organize a June Festival every year
to celebrate my grandmother's birthday.

ROBERTO: I only danced in [elementary] school; after starting
high school, I did not want to dress up as *caipira* and
participate in the June Festivals. I started to think that
June Festivals were for kids only. Nevertheless, I have
always liked the typical food.

ANA: Do you know that nowadays the Festas Juninas are
very popular in the whole country and people of all
ages participate?

ROBERTO: Of course! Just like the Samba Schools in Rio
de Janeiro, the *quadrilhas* also have important
competitions in many cities in Brazil. It is a beautiful
festival!

Exercício 7

As orações abaixo são baseadas no diálogo 2. Leia-as cuidado-
samente, classificando-as como verdadeiras (V) ou falsas (F). Em
seguida, corrija as orações falsas de acordo com as informações
encontradas no diálogo. *The sentences listed below are based on
dialogue 2. Read them carefully, mark true (V) or false (F) for each sentence, then correct the false statements.*

1   ( ) Ana e Roberto dançavam quadrilha quando estavam no colégio.
2   ( ) Ana e Roberto se maquiavam para a festa.
3   ( ) Ana ia à festa junina na casa de sua avó.
4   ( ) A mãe de Roberto colava retalho nas calças dele.
5   ( ) Tanto Ana quanto Roberto usavam chapéu.
6   ( ) Ana não usava vestidos de chita.
7   ( ) Hoje em dia, as festas juninas são caracterizadas pelas
      competições.

Language point

Expressões mais usadas com pretérito

PERFEITO	IMPERFEITO
Commonly used with perfect	*Commonly used with imperfect*
na semana passada (last week)	ao mesmo tempo (at the same time)
no ano passado (last year)	sempre (always)
no mês passado (last month)	enquanto (while)
naquele dia/mês (that day/month)	era uma vez (once upon time)
quando	todos os dias/meses/anos (every day/month/year)
ontem (yesterday)	quando

Note: Although these expressions can help you distinguish between these two
tenses, they are not mutually limited to one tense.

Possible ways to translate the imperfect tense to English.

Eu dançava quadrilha = I **used** to dance quadrilha; I **was danc-
ing** quadrilha; I **danced** quadrilha; I **would dance** quadrilha

Exercício 8

Verbalizando. Complete o texto abaixo com a forma correta dos verbos (presente, pretérito perfeito ou imperfeito) *Read the text below and fill in the blanks with right conjugation of the verbs (present, preterit or imperfect).*

O termo "festa junina" está associado às tradições de países cristãos europeus que (prestar) (a) _____ homenagem a São João no dia 24 de junho. Originalmente, o evento (ser) (b) _____ uma festa pagã que (comemorar) (c) _____ a chegada do solstício de verão no Hemisfério Norte.

Transportada para o Hemisfério Sul, a data (ser) (d) _____ associada ao solstício de inverno. Na Idade Média o ritual pagão foi incorporado ao calendário cristão. O 24 de junho (passar) (e) _____ a comemorar o nascimento de São João Batista. Os rituais trazidos principalmente por portugueses, mas também por espanhóis, holandeses e franceses, (dar) (f) _____ origem a diversos tipos de celebrações nas diferentes regiões do país. A miscigenação étnica entre índios, africanos e europeus (fazer) (g) _____ brotar no país uma série de belas expressões artísticas, como cantorias de viola e cordéis; emboladas de coco e cirandas; xote, xaxado e baião, sem falar nas quadrilhas e forrós. Assim como o forró, hoje as festas juninas (fazer) (h) _____ sucesso em todo o Brasil. No entanto, as maiores, mais concorridas e mais tradicionais (estar) (i) _____ no Nordeste.

Culturalmente falando

The expression "June Festivals" (*Festas Juninas*) is associated with the European Christian countries that paid homage to Saint John on 24 June. Originally, a non-Christian event was created to celebrate the arrival of summer in the northern hemisphere. Later it was associated with the arrival of winter in the southern hemisphere. In the Middle Ages, this pagan ritual was incorporated into the Christian Calendar. Then, people started to celebrate the birth of Saint John the Baptist on 24 June. The Portuguese, Spaniards, Dutch and French brought the ritual to Brazil, after which it originated various rituals in Brazil. The mix of races contributed to the creation of many artistic expressions through the music such as *xote*, *xaxado*, *baião*, *cordel*, *quadrilhas* and *forrós* (typical music and dance of Brazil). Nowadays, the June Festival is successful all over Brazil. However, the most important June Festivals happen in northeastern Brazil, mainly in the states of Pernambuco and Paraíba.

Para escutar:
Olha pro céu, Luiz Gonzaga.

Exercício 9

Como se diz em Português? Traduza as orações abaixo para português. *Translate the sentences below into Portuguese.*

1 I was 17 when I went alone to the Carnival in Pernambuco.

_____

2 I danced forró last night.

_____

3 My parents always prepared typical foods of Festa Junina for my grandmother's birthday.

_____

4 When I was a child, I liked *Festas Juninas*, now I like Carnaval.

_____

5 I danced *xote* while Roberto made pé-de-moleque.

_____

6 I was talking to my brother when my mom arrived.

_____

7 Every year my friends and I used to travel together to enjoy the Carnival in Rio.

_____

MARCOS: Quando você era criança você gostava mais do Natal ou do Ano Novo?

AMANDA: Quando eu era pequena gostava mais do Natal porque sempre ganhava muitos presentes. E você?

MARCOS: Antigamente, eu gostava tanto do Natal quanto do Ano Novo, mas hoje em dia, eu gosto menos do Natal porque acho difícil comprar presentes.

AMANDA: Eu não gosto tanto dos feriados religiosos. Eu gostava muito das celebrações da Semana Santa e da Páscoa em minha família, mas depois que cresci estas festas não têm o mesmo significado.

MARCOS: É verdade. Quando estávamos no colégio, já não podíamos celebrar os feriados como celebrávamos quando éramos crianças. No Ano Novo e no Carnaval, por exemplo, queríamos beber e dançar com os amigos e achávamos chato passar o Ano Novo com a família, por exemplo.

AMANDA: Hoje em dia sou fascinada pelas formas que o Ano Novo é celebrado em outras partes do mundo.

MARCOS: Eu também. Eu não gosto tanto dos outros feriados. Gostava muito do dia da independência porque eu participava do "desfile de 7 de setembro" e tocava na banda do colégio. Naquela época eu me divertia muito.
AMANDA: Imagino!

Dialogue 3: Which Brazilian festival did you enjoy the most?

MARCOS: When you were little, did you like Christmas more than New Year's celebrations?

AMANDA: When I was little, I liked Christmas more because I used to receive many gifts. What about you?

MARCOS: Before, I liked Christmas and New Year's in the same way, but nowadays, I do not like Christmas as much because I find it very difficult to buy gifts.

AMANDA: I do not like the religious holidays as much. I used to like celebrating Easter with my family, but since I grew up these festivities do not have the same meaning.

MARCOS: It is true. When I was in high school, we were no longer able to celebrate the holidays we used to commemorate when we were little. In the New Year's party and Carnival, for instance, we preferred to drink and dance with friends, as we found it boring to spend these holidays with family.

AMANDA: Now, I am fascinated by the way the New Year is celebrated around the world.

MARCOS: Me too. I do not like the other holidays as much. I used to enjoy the Brazilian Independence day a lot because I participated in the "September 7 parade" and played in the school band. At that time, I had a lot of fun.

AMANDA: I can imagine!

Exercício 10

O que falta? Complete o parágrafo a seguir com as palavras do quadro abaixo. *Complete the paragraph with the words given below.*

> Carnaval – Festas Juninas – Ano Novo – Véspera de
> Natal – Ação de Graças – Páscoa

O dia de (a) _____ é comumente celebrado nos Estados Unidos. Neste dia as pessoas se reúnem com familiares e amigos para um almoço especial com peru e muitos doces. Não celebramos este dia no Brasil. Quase um mês depois, no dia 24 de dezembro celebramos a (b) _____. O Natal é um dos feriados cristãos mais celebrados no Brasil. O (c) _____ _____ (1 de janeiro) não é tão importante quanto a véspera do Ano Novo. No dia 31 de dezembro, os brasileiros se vestem de branco, geralmente assistem a queima de fogos de artifício perto da praia, de um rio ou de uma lagoa. Muitos acendem velas e oferecem rosas brancas para Iemanjá (santa da religião africana, o Candomblé). O (d) _____ termina na quarta-feira de cinzas. É uma festa muito popular no Brasil. Cada região do país a celebra de maneira diferente. No domingo de (e) _____ as crianças procuram ovos de chocolate. As (f) _____ _____ chegaram ao Brasil no século XIX. Hoje em dia são comemorada com muita dança, comidas típicas como pé-de-moleque, canjica, quentão e quitutes de milho e diversos caldos.

Language point

Making comparisons in Portuguese

In Portuguese, there are four types of comparison: inequality, equality, superiority, and inferiority. We use them with adjectives, verbs, and nouns.

Comparing equal elements

- With adjectives, use **tão** (*as much*) ... **quanto** (*as*)
- With verbs, use **tanto (a)** (*as much*) ... **quanto** (*as*)
- With nouns, use:

  ○ **tantos/tantas** (*as many*) (make sure you have the right gender/ number agreement) ... **quanto** (*as*)

Exemplos:

O Carnaval tem *tantos* **adeptos** *quanto* a Festa Junina.
O Carnaval é *tão* **alegre** *quanto* a Festa Junina.
A Festa Junina **impressiona** *tanto quanto* o Carnaval.

Comparing unequal elements

■ Inferiority

• Menos (*less*) … (do*) que (*than*)

■ Superiority

• Mais (*more*) … (do*) que (*than*)

Exemplos:

O Carnaval tem **menos** aspectos religiosos **que** a Festa Junina.
A festa Junina foi **mais** aceita pela igreja **do* que** o Carnaval.

*The use of **do** in the expression ***do que*** is optional in spoken Portuguese.

■ Superlative: *The best or the worst?*

Qual é **a maior** (*the biggest*) festa do Brasil?
Qual é **a menor** (*the smallest*) festa do Brasil?
Qual é **a pior** (*the worst*) comida típica do Brasil?
Qual é **a melhor** (*the best*) comida típica do Brasil?
Qual é **o mais** (*the most*) famoso feriado do Brasil?
Qual é **o menos** (*the least*) importante feriado do Brasil?

Bom, ruim, pequeno, mal, bem, grande are some of the most frequently used irregular adjectives. Expressions such as "mais bom" or
"mais ruim" are not grammatical in Portuguese. Observe the use of
these irregular words in the table below.

O Carnaval do Recife era **bom** (*good*).	O Carnaval de Recife é **ótimo** (*great*).
O Carnaval do Rio era **ruim** (*bad*).	O Carnaval do Rio é **péssimo** (*worse*).

O Carnaval de Belo Horizonte era **pequeno** (*small*).	O Carnaval de Belo Horizonte é **menor** (*smaller*).
O Carnaval de Salvador era **grande** (*big*).	O Carnaval de Salvador é **maior** (*bigger*).
Eu estava **bem** (*well*).	Eu estou **ótima** (fem.)/**ótimo** (masc.) – (*great*).
Eu estava **mal** (*bad*).	Eu estou **péssima** (fem.)/**péssimo** (masc.) (*worse*).

■ Superlative adjectives

To form the superlative we add the suffix –íssimo(s), –íssima(s) to the adjectives ending in consonant. If the adjective ends in a vowel, we drop the last vowel and add the suffix –íssimo(s), –íssima(s). Observe the examples:

O Natal passa rápid**o**.	O Natal passa rapid**íssimo**.
Ana dança pouc**o**.	Ana dança pou**qu**íssimo.
Ele é fei**o**.	Ele é fe**íssimo**.
Pé de moleque é um doce gostos**o**.	Pé de moleque é um doce gostos**íssimo**.

■ Irregular superlatives

Amável	amabilíssimo
Antigo	antiquíssimo
Bom	boníssimo
Difícil	dificílimo
Fácil	facílimo
Mau	péssimo
amigo	amicíssimo

Exercício 11

Observe o quadro das estatísticas dos feriados, e escreva orações com as palavras e dados listados abaixo. *Use the data on the table to organize the terms below into sentences.* Muitos brasileiros e turistas celebram as festas e os feriados no Brasil. *Many Brazilians and tourists celebrate the holidays in Brazil.*

	Número de pessoas chegam ao Brasil	Venda de passagens aéreas	Venda de cerveja	Ocupação nos hotéis
Carnaval	120.000	103.546	21.500	95%
Ano Novo	90.800	56.356	21.500	90%
Natal	6.320	9.597	10.200	50%
Páscoa	1.236	1.023	5.633	5%
Dia das Mães	14.965	6.000	8.475	9%
Dia dos Pais	12.258	6.000	9.652	10%
Festas Juninas	23.140	8.365	15.498	50%

Exemplo: Dia dos pais/Ano Novo/venda de passagens aéreas

No **Dia dos Pais** a venda de passagens aéreas é menor que no **Ano Novo**.

Dia das mães/Festas Juninas/ocupação dos hotéis

Os hotéis ficam mais ocupados durante as **Festas Juninas** do que no **Dia das Mães**.

1 Carnaval/Natal/ocupação dos hotéis

_____

2 Dia das Mães/Páscoa/venda de cerveja

_____

3 Páscoa/Ano Novo/número de pessoas

_____

4 Dia das mães/Dia dos Pais/venda de passagens aéreas

_____

5   Natal/Festas Juninas/ocupação dos hotéis

_____

6   Vende cerveja/Carnaval/Festa Junina

_____

7   Carnaval/Ano Novo/número de pessoas

_____

8   Natal/Ano Novo/ocupação dos hotéis

_____

9   Dia das mães/Natal/venda de passagens aéreas

_____

Exercício 12 (Audio 1.46)

Os feriados mais comemorados no mundo! *The most celebrated holidays in the world!* Relacione os países aos feriados e às maneiras como são celebrados. *Match the countries to the ways their holidays are celebrated.*

Estados Unidos ( )	quebram os pratos e os copos.
Portugal ( )	dia especial para visitar madrinhas e padrinhos.
Dinamarca ( )	dançam e bebem por 5 dias consecutivos antes da quarta-feira de cinzas.
Brasil ( )	as pessoas trocam presentes de manhã.

Exercício 13

Verbalizando. Complete o texto com a conjugação adequada dos verbos dados. *Complete the text with the adequate verb conjugation.*

Quando eu (ver) _____ seu pai pela primeira vez me (apaixonar) _____. Mas nunca (pensar) _____ que (ir) _____ passar tantos Dias dos Namorados juntos. Depois que nos (casar) _____ nunca (passar) _____ um feriado separados. Nós sempre (pular) _____ o Carnaval juntos, (ir) _____ às festas de Ano Novo com nossos amigos e (celebrar) _____ o Natal com toda a família. No dia 24 de dezembro, na véspera de Natal (cear) _____ com os seus avós maternos e o dia 25 de dezembro, o Natal, (trocar) _____ presentes com seus avós paternos. O dia dos namorados (ser) _____ sempre muito romântico com flores, bombons e joias. Seu pai também nunca se (esquecer) _____ do meu aniversário e do nosso aniversário de casamento. (Ser) _____ muito felizes. Neste ano ele se (esquecer) _____ de todas as datas comemorativas, não (escrever) _____ nenhum cartão no dia dos Namorados. Nem me (telefonar) _____ no nosso aniversário de casamento. Agora ele (dizer) _____ que no Carnaval vai cair na folia e o Ano Novo vai celebrar com os amigos porque tem saudade da sua vida de solteiro. Eu (ficar) _____ muito triste, mas não (poder) _____ fazer nada. No futuro, vou planejar meus feriados com meus filhos e amigos.

Unit Six
Falando de saúde
Talking about health

At the end of this unit, you will be able to:

- talk about parts of the human body, medical conditions and well-being
- use the vocabulary needed to talk about medical services
- name illnesses and prevention measures
- express sympathy and concerns for someone's health and suggest a remedy
- talk about health services, remedies and drugs
- use the verbs TER and DEVER
- use the gerund (present progressive)

Diálogo 1: Você melhorou?
(Audio 2.1)

Anderson and Eduardo play football in the same team. Anderson did not show up for the last game because he is sick. They met at the university, and Eduardo is interested to know how Anderson is doing.

EDUARDO: E aí, você melhorou?
ANDERSON: Ainda não.
EDUARDO: O que você tem, *cara*?
ANDERSON: Estou tossindo muito. Tenho febre, dor de cabeça e dor de garganta.

EDUARDO:	Você foi ao hospital ontem e o que o médico falou? Ele receitou alguma coisa?
ANDERSON:	Fui. Não gostei muito do médico. Ele disse para eu beber muita água e tentar me alimentar melhor.
EDUARDO:	Só isso?
ANDERSON:	Hum … Ele receitou um analgésico.
EDUARDO:	Analgésico para dor de garganta? Que absurdo!
ANDERSON:	Pois é, estou me sentindo tão mal que nem tive *forças para* reclamar.
EDUARDO:	Espero que você melhore logo! Nosso time precisa de você sábado.

Atenção!

Cara – *dude* (man/guy) used in informal situations to address male friends, cara also means *dear (to address people)* and *face*.

Ter forças para – *to have energy to react or to do something*.

Dialogue 1: Are you feeling better?

EDUARDO:	Are you feeling better?
ANDERSON:	Not yet.

EDUARDO: What do you have?

ANDERSON: I am coughing a lot. I have a fever, a sore throat, and a headache.

EDUARDO: Did you go to the hospital yesterday? What did the doctor say? Did he prescribe anything?

ANDERSON: I went. I did not like the doctor very much. He said I need to drink a lot of water and try to eat better.

EDUARDO: Is that it?

ANDERSON: Huh? He prescribed a painkiller!

EDUARDO: A painkiller for a sore throat? That is ridiculous!

ANDERSON: Well, I am feeling so bad that I did not have energy to complain.

EDUARDO: I hope you will feel better soon! Our team needs you on Saturday.

Exercício 1

Lidando com serviços médicos. Releia o diálogo 1 e responda às perguntas. *Reread dialogue 1 and answer the questions.*

1 Como Anderson está se sentindo?

2 Quais são os problemas de saúde dele?

3 Quais foram os conselhos do médico?

4 Qual é a opinião do Anderson sobre o médico?

5 Qual era a preocupação do Eduardo com relação a saúde do seu amigo?

🔍 Language point

As partes do corpo humano (Audio 2.2)

🎧 Ouça e repita.

os olhos	a sobrancelha
o nariz	o ombro
os lábios	o peito
o umbigo	o cotovelo
	os dedos da mão
	a barriga

a cabeça
a orelha
os lábios
o pescoço
o cabelo
o rosto
a boca
o queixo
o braço
a cintura
a mão
as unhas
o joelho
a perna
o pé
o calcanhar
os dedos do pé

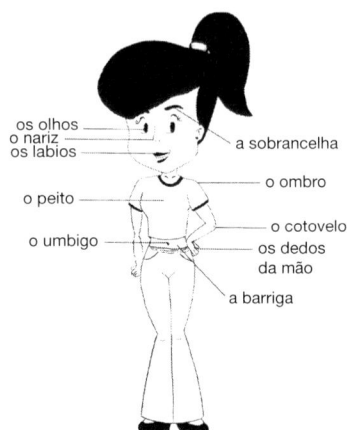

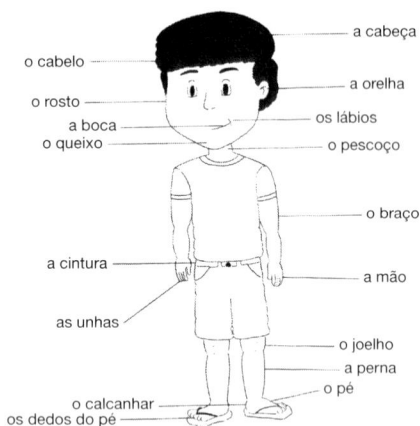

Usually, to name illnesses and talk about health conditions, we use the verb TER. For example:

O que você tem?	Eu **tenho** dor de cabeça
O que ele tem?	Ele **tem** alergia.
O que eles têm?	Eles **têm** muita febre.
O que elas têm?	Elas **têm** artrite.
O que vocês têm?	Não sabemos o que **temos** ainda. Estamos esperando o laudo médico.
O que vocês têm?	A gente não **tem** nada sério.

The expression "estar com" can be used to replace the verb TER.

✍ Exercício 2 (Audio 2.3)

🎧 **O que eles têm?** Complete as orações com o verbo ter e o problema de saúde de cada pessoa. Ouça a descrição dos problemas de saúde para conferir suas respostas. *Complete the sentences with verb TER and the health problem of each person*. Listen to the descriptions to check your responses.

1

Ela _____.

2

Ele _____.

3

Ela _____.

4

Ela _____.

Exercício 3

O que eles têm? Observe as fotos. Relacione-as a cada problema de saúde descrito abaixo. *Look at the pictures. What do the people have? Match the people to each health problem listed below.*

Problemas de saúde	Pessoas
1 dor nas costas	( ) Ernani está com
2 dor de garganta	( ) Carlos está com
3 dor de barriga	( ) Pedro está com

(continued)

(continued)

4 saudável	( ) Lia está com
5 a perna quebrada	( ) Sra. Rosa está com
6 dor de ouvido	( ) Marlene está
7 gripe	( ) Estevão está com
8 alergia ou resfriado	( ) Robson está com a

Language point

The present progressive

In Portuguese, we use the present progressive to describe a continuous or ongoing action rather than at its end or beginning. This tense is formed with the present of the verb "estar" as an auxiliary verb + the principal verb [without the "r"] + the suffix "–ndo". The meaning of *estar* with the gerund is identical to that of *be* plus gerund in English.

Ele estar [conjugated] + tomar [–r + ndo] + chá = Ele est**á** *tomando* chá. *He is drinking tea.*

Elas estar + levantar = Elas <u>estão</u> *se* **levantando.** (If the verb is reflexive, you must place the pronoun *se*, *me*, *nos* between the verbs.)

Ele + estar + tossir = Ele <u>está</u> toss**indo**.

Nós + estar + beber muita água. = Nós <u>estamos</u> beb**endo** muita água.

If the sentence is negative, you place the negative word between the subject and the verb "estar".

Ele + não + estar + tossir = Ele *não* <u>está</u> toss**indo**.

Exercício 4

Dores. Observe a foto do exercício anterior. Escreva orações no gerúndio para descrever o que cada pessoa está fazendo. *Look at the pictures in the previous exercise. Write sentences describing what each person is doing.*

> **Exemplo:** A Sra. Rosa – levantar

A Sra. Rosa está se levant**ando**. Ela <u>está</u> sent**indo** dor nas costas.

1   Dr. José e Jane - conversar
2   Ernani - espirrar
3   Lia – chorar
4   Robson – chegar

1 _____

2 _____

3 _____

4 _____

Exercício 5

Recriando. Organize as palavras listadas abaixo em orações completas. Conjugue os verbos adequadamente. *Write sentences using the
present progressive. Use the right form of the verbs.*

1 sentir/não/Marlene/estar/nada/a

_____

2 de/Pedro/ouvido/chorar/o/estar/de/dor

_____

3 o/espirrar/Estevão/estar

_____

4 seus/os resultados/de/Marlene/esperar/exames

_____

5 Dr. José/a/rever o horário/estar/e/Jane

_____

6 O/muleta/estar/uma/Robson/usar/

_____

Anália e Gláucia estão na academia conversando sobre estilos de vida
e saúde. *Anália and Gláucia are at the gym. They are talking about the
changes in their lifestyle and health conditions. Listen to the dialogue
and repeat.*

Diálogo 2: Cuidando da saúde (Audio 2.4)

ANÁLIA:	Não sabia que você estava vindo às aulas de pilates! Você está gostando?
GLÁUCIA:	Muito! Depois que comecei a fazer estas aulas não estou sentindo mais dores no corpo.
ANÁLIA:	Que ótimo! Eu também não estou mais tendo dores nas costas. O Pilates e a Yoga estão me deixando muito bem disposta e mais forte.
GLÁUCIA:	A Yoga está me ajudando a relaxar. Quando faço aulas durmo muito bem.
ANÁLIA:	Você parou de correr? Não estou te vendo no parque.
GLÁUCIA:	Corro de manhã, mas estou preferindo caminhar. Preciso poupar meus tornozelos e joelhos.

Dialogue 2: Taking care of your health

ANÁLIA:	I did not know you were coming to the Pilates classes! Are you enjoying it?
GLÁUCIA:	A lot! Since I started to take these classes, I haven't got pain in my body any more.
ANÁLIA:	This is great! I don't have backache anymore. Pilates and yoga make me feel well and stronger.
GLÁUCIA:	Yoga is helping me to relax. When I take yoga classes, I sleep really well.

ANÁLIA: Did you stop running? I don't see you at the park any
more.

GLÁUCIA: I run in the morning, but I am choosing to walk. I need
to keep my eye on my ankles and knees.

Exercício 6

Baseado no diálogo, que orações abaixo estão corretas ou incorretas.
Mark **C** *for correct and* **I** *for incorrect statements.*

1 Gláucia e Anália correm no parque.   **C   I**
2 Anália sentia dor nas costas.   **C   I**
3 Depois das aulas de yoga, Gláucia dorme bem.   **C   I**
4 Gláucia está caminhando para proteger os joelhos e tornozelos. **C   I**
5 Gláucia tinha muitas dores no corpo quando não fazia exercício. **C   I**

Exercício 7 (Audio 2.5)

A. **Antes de ler.**

Responda:

Você pratica atividade física? *Do you exercise?*

O que você sabe sobre a saúde e o bem-estar das pessoas de sua cidade?
What do you know about health and lifestyle of people in your city?

B. Leia o texto e circule as palavras de difícil pronúncia. *Read the text
and circle the words that you judge difficult to pronounce.*

C. Ouça o texto para praticar a pronúncia das palavras que você
circulou. *Listen the text to master the pronunciation of words you've
judged challenging.*

■ Pesquisa aponta que mais da metade dos
brasileiros não pratica exercícios

Uma pesquisa encomendada pelo SESC, em 70 cidades do Brasil, con-
cluiu que mais da metade dos brasileiros não pratica exercícios físicos.
Falta de tempo, de dinheiro, de disposição para fazer atividade física.
Estas são as justificativas mais comuns, encontradas numa pesquisa
que mapeou o sedentarismo no país. A pesquisa também mostrou que,
seja qual for o motivo, homens e mulheres estão parados. Ao todo, 58%

dos brasileiros nunca fizeram exercício ou esporte. O estudo mostra que as mulheres são mais sedentárias do que os homens. E eles, mais vaidosos. Mais homens do que mulheres usam a malhação para melhorar a aparência. Quanto menor a renda, mais comum a falta de exercício. Entre os entrevistados que ganhavam mais, 42% não se exercitavam. Entre os que ganhavam menos, esse número chegou a 77%.

28/10/2013 21h01 (*Fonte/Source*: http://g1.globo.com/jornal-nacional/noticia/2013/10/pesquisa-aponta-que-mais-da-metade-dos-brasileiros-nao-pratica-exercicios.html)

Exercício 8

Recriando. Organize as palavras abaixo em orações completes e coerentes. *Unscramble the words. Write sentences about the text.*

1   exercícios/brasileiros/mais/dos/pratica/não/físicos/da/metade

    _____.

2   estão/os/mulheres/homens/quanto/as/sedentários/tanto

    _____.

3   as/mostra/do/o/estudo/mulheres/que/sedentárias/os/são/homens/mais/que

    _____.

4   renda/da/pessoa/a/falta/à/exercício/está/de/relacionada/

    _____.

Vocabulário

acidente – *accident*	consultório médico – *doctor's office*
alongar – *stretch*	costas (always plural) – *back*
analgésico – *pain reliever*	dançar – *to dance*
barriga – *belly/stomach*	deprimido – *depressed*
bastante – *a lot*	doente – *sick*
bem-estar – *well-being*	dor nas costas – *backache*
braço – *arm*	estar com dor de ... – *to have a pain*
cabeça – *head*	
cair – *to fall*	estar doente – *to be sick*
colocar gelo – *to put ice*	

estar saudável – *to be healthy*
evitar – *to avoid*
fazer exercício físico – *to exercise*
fazer repouso – *to rest*
feridos – *wounded people*
ficar com dor de ... – *to get a pain in ....*
garganta – *throat*
gelado – *cold*
inchado – *swollen*
inflamado – *infected*
janela – *window*
joelho – *knees*
levar – *to take*
muleta – *crutch*

ortopedista – *orthopedist*
ouvido – *ear*
praticar esportes – *to play sports*
praticar exercício – *to exercise*
pronto socorro – *emergency room*
quebrar – *to break*
recuperar-se – *to get better*
sem – *without*
sentir-se bem – *to feel well*
sono – sleep
tenho dor no/nos/na/nas – *to have a pain in*
terapeuta – therapist
tornozelo – *ankle*

Exercício 9

Rede de palavras. Escolha as palavras adequadas para cada uma das três redes abaixo. Não é necessário usar todas as palavras. *Place the words in the right net. You don't need to use all the words.*

> pés inchados – aspirina – queixo – insônia – garganta – dor de cabeça – costas – vitamina C – pescoço – gelo – compressa de água quente – tosse – chá quente – antialérgico – leite quente – fisioterapia – alongamento

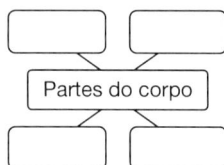

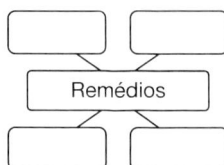

Problemas de saúde	Partes do corpo	Remédios

Language point

Expressions with the verb DEVER (should)

We use <u>dever</u> + <u>a verb in the infinitive form</u> **to give advice and commands**.

| eu dev**o** | tu dev**es** | ele/você/ela dev**e** | nós dev**emos** |
| | a gente dev**e** | eles/elas/vocês dev**em** | |

Exemplo:

A: Ele tem dores no joelho e não pode mais correr.

B: Ele *deve* nad*ar*.

Exercício 10

O que você está fazendo para cuidar da saúde? Relacione os problemas de cada pessoa a cada anúncio (possível solução). Em seguida, diga o que eles devem fazer. *Match people's problems with possible solutions. Then, use the verb* DEVER *to say what they should do.*

Exemplo: 1 Estou tenso. Você deve comer muita banana e tomar Maracujina.

		O que eles devem fazer?
1	Está gordinho.	1 _____
2	Temos muitas dores.	2 _____
3	Fico muitas horas sentado.	3 _____
4	Estão espirrando muito.	4 _____
5	Está muito magro.	5 _____
6	Tenho muita insônia.	6 _____

Exercício 11 (Audio 2.6)

Ouça atentamente e, em seguida, complete as lacunas com as informações sobre a experiência da Maria, da Rosa, do Luís e do Gabriel. *Listen carefully and fill in the blanks with the missing information.*

Pacientes	Problemas de saúde (health problems)	Medicamento (receita médica) (prescription)	Conselhos do médico (advices)
Maria	Dor de cabeça	_____	
Rosa	Dor de _____ E _____	Antibiótico/duas vezes ao dia _____	Tomar sopa quente
Luís	Dor de _____	Uma _____ de 8 em 8 horas.	
Gabriel	Dor de _____ _____		

Maria está na clínica médica com suas crianças. Maria is at the health clinic with her children.

Gláucia stopped exercising and now she is sick. She does not have health insurance and a doctor's visit costs a lot. She has decided to try the service offered by the pharmacist.

Diálogo 3: Tudo se resolve na farmácia (Audio 2.7)

VENDEDOR:	Boa noite! Como posso ajudar?
GLÁUCIA:	Olha, eu tenho uma dor terrível no pescoço. Não posso mexer a cabeça, nem olhar para os lados.
VENDEDOR:	A senhora caiu ou sofreu em algum acidente?
GLÁUCIA:	Não. Desde que parei de fazer exercício comecei a sentir muitas dores. Hoje está insuportável!
VENDEDOR:	A Senhora pode tomar um comprimido de *Voltaren*, analgésico e anti-inflamatório, três vezes ao dia.
GLÁUCIA:	Tem alguma contra indicação?
VENDEDOR:	Todos estes remédios têm algum tipo contra indicação. Mas este comprimido é muito comum e muita gente toma sem receita.
GLÁUCIA:	Tá bom. O senhor indica alguma pomada para aliviar as dores?
VENDEDOR:	Cataflan é um excelente creme antibiótico. A senhora vai ficar bem!

Atenção!
Visiting a pharmacy instead of a doctor is a common practice in Brazil.

Dialogue 3: We can solve everything at the pharmacy

VENDEDOR:	Good evening! How can I help you?
GLÁUCIA:	Look, I have a terrible pain in my neck. I cannot move my head or even look to the side.
VENDEDOR:	Did you fall or have an accident? When did it start?
GLÁUCIA:	No. After I stopped exercising, I started to feel a lot of pain. Today the pain is unbearable!
VENDEDOR:	You can take a Voltaren tablet, a pain reliever, and anti-inflammatory, three times a day.
GLÁUCIA:	Are there any side effects?

VENDEDOR:	All of these medications have some side effects. It is a very common medication and many people take it without prescription.
GLÁUCIA:	Ok. Can you indicate some cream to help with the pain?
VENDEDOR:	Cataflan is an excellent antibiotic cream. You will be fine!

Exercício 12

Em suas palavras. Responda às perguntas. *Answer the questions.*

1   Onde a Gláucia foi?

_____

2   Por que ela não estava se sentindo bem?

_____

3   Quem receitou os remédios para ela?

_____

A C B

Vocabulário e expressões

analgésico – *pain reliever*
antibiótico – *antibiotics*
anti-inflamatório – *anti inflamatory*
atestado médico – *a doctor's note*
comprando medicamentos – *buying medication*
comprimido – *pills*
consultar o médico – *to ask a doctor*
contra-indicação – *side-effects*
corte – *a cut*

dentista – *dentist*
doente – *sick – unhealthy*
em gotas – *drops [liquid medication]*
enfermeiro – *nurse*
farmácia – *pharmacy*
fazer exames – *to do medical tests*
ir ao médico – *to see a doctor*
machucado – *a wound*
marcar o médico – *to make an appointment*

marcar uma consulta – *to make an appointment*
médico – *doctor*
melhorar – *to get better*
passar pomada – *to put cream on*
pastilha – *cough drops*
piorar – *to get worse*
pomada – *cream*
problemas de saúde – *health problems*
pronto socorro – *emergency*
quebrar – *break*

raio x – *x-ray*
saudável – *healthy*
sem receita médica – *over the counter*
ter seguro/ter plano de saúde – *to have health insurance*
tomar comprimidos – *to take pills*
tomar remédio – *to take medication*
torcer o pé – *to twist the foot*
Xarope – *liquid medication/ cough syrup*

Exercício 13

O que falta? Complete as orações com as palavras listadas abaixo. *Complete the sentences. Use the words listed below.*

> exames – atestado – medico – receita médica – marcar uma consulta – pronto Socorro – problemas – farmácia – comprimidos – saudável – enfermeira – melhorar – efeitos colaterais

1 Meu nome é Anália. Sempre fui muito _____.

2 Eu ia à _____ e comprava muitos comprimidos.

3 Eu tomava _____ para dores de cabeça de manhã e à noite tomava chá de camomila para dormir.

4 Estava sem tempo para marcar _____.

5 Um dia eu acordei com muitas dores e meu esposo me levou ao _____ _____.

6 Esperamos por mais de duas horas para falar com a _____ e quatro horas para ver o _____.

7 Fiz muitos _____.

8 Tinha _____ de saúde sérios por causa dos _____ _____ dos remédios.

9 O médico não receitou outros remédios e pediu para eu descansar bastante.

10 Eu pedi um _____.

11 Nunca mais tomo remédios sem _____.

12 Vou ficar em casa para _____.

Exercício 14 (Audio 2.8)

Ouça e enumere a reclamação de cada paciente na ordem em que as ouve. *Listen to the conversation. Number the complaints in the order in which you hear them.*

Exercício 15

Seu irmão está doente e precisa de sua ajuda para comunicar o problema de saúde ao chefe dele. Ajude o seu irmão, completando o seguinte e-mail. *Imagine that your brother is sick and needs your help writing a message. Complete the following email to his boss.*

Caro Sr. ———————,

——————————— é meu ———————————. Ele ———————————
em casa hoje porque está com ——————————— e febre. Ele foi ao
——————————— e tem um ——————————— ———————————.

——————————— ———————————, desculpe-o por faltar ao trabalho.

Atenciosamente,

———————————

Unit Seven
Saúde e bem-estar
Health and well-being

At the end of this unit, you will be able to:

- express state of being and health concerns
- talk about lifestyle and healthy habits
- use reflexive verbs
- use adverbs and the expressions "acabar de" and "lidar com"
- understand the peculiarities of the verbs DAR, DEIXAR, and FICAR

Diálogo 1: Que cara é essa?
(Audio 2.9)

Patrícia e Giovana são colegas de trabalho. Patrícia geralmente chega ao escritório com uma energia muito negativa.

Patrícia and Giovana are co-workers. Usually, Patrícia is at the office when Giovana arrives with very negative energy.

PATRÍCIA: Não aguento mais te ver com esta cara!
GIOVANA: Que cara?
PATRÍCIA: Você só tem duas caras. Às vezes você tira aquela *cara amarrada* e põe essa *cara amarrotada* de quem *acabou de* se levantar.
GIOVANA: Eu me deitei muito tarde ontem à noite. Não me acostumo com esse novo horário de trabalho. E você sempre com essa cara boa.

PATRÍCIA: Estou me alimentando bem e correndo todas as manhãs. E, além do mais, mantenho o bom humor quando paro de me queixar da vida.

GIOVANA: *Bom para você!* Cuidado correndo assim você vai se machucar!

Para escutar:
Cara Valente
(Maria Rita)

Exercício 1

Certo ou Errado? Leia as orações abaixo sobre o diálogo anterior. Em seguida, marque-as como certas ou erradas. *Read the sentences about dialogue 1, and then choose whether they are correct or incorrect.*

---

1 Giovana dormiu pouco.	*certo*	*errado*
2 Patrícia se cuida menos que Giovana.	*certo*	*errado*
3 Giovana é mal-humorada.	*certo*	*errado*
4 Patrícia e Giovana têm os mesmos hábitos.	*certo*	*errado*
5 Patrícia está sempre reclamando da vida.	*certo*	*errado*
6 As duas amigas parecem se dar bem.	*certo*	*errado*

A
CB

Vocabulário e expressões

acabar – *to finish*
acabar de + verb in the
    infinitive - *just done*
    something, just finished
acostumar-se com - *to get*
    used to
amarrotada – *wrinkled*
apertado – *tight*
às vezes – *sometimes*
cara – *face*
cara amarrada – *a long face or*
    showing dissatisfaction
cara amarrotada – *unwashed*
    face
correndo (correr) – *to run*

cuidado/ter cuidado – *care/be*
    careful
horário – *schedule*
paro (parar – v.) – *to stop*
pôr – *to put*
não aguento mais - *I can't*
    stand it anymore
né (não é)? – *isn't it? (tag*
    question)
novo - *new*
queixar – *to complain*
relaxada – *relaxed*
sempre – *always*
tirar – *to take out*
todo – *each, every*
tudo - *everything*

Evite confusão ...
Ser relaxado (a) significa desleixado (a) = *sloppy*, por outro lado, **estar**
relaxado (a) significa estar tranquilo/calmo.
Exemplo:
Como você é **relaxado**! Seu escritório está sempre desorganizado!

Language point

Eu não **me acostumo** com este horário de trabalho!

Verbos reflexivos – Reflexive verbs

Reflexive verbs (listed below) indicate that the action is done to the
agent itself. In English, they are indicated by the reflexive pronoun
self. The reflexive pronouns listed below are used in the conjugation
of reflexive verbs. As indicated in the table, some of the reflexive verbs
are followed by prepositions as well.

These are the most common reflexive verbs with their respective preposition:

acostumar-se com	to get used to	lembrar-se *de**	to remind of + verb in infinitive
aproveitar-se	to take advantage of	levantar-se	to get up
alimentar-se	to feed oneself	machucar-se	to hurt oneself
casar-se *com*	to marry	parecer-se *com*	to look like
chamar-se	to call oneself	preocupar-se com	to worry about
cuidar-se	to care of oneself	queixar-se *de*	to complain about
dedicar-se *a*	to dedicate oneself to	sentar-se	to put on clothes, to dress oneself
deitar-se	to go to bed	sentir-se	to feel
divertir-se	to have fun, to entertain oneself	surpreender-se *com*	to be surprised
divorciar-se *de*	to divorce	tornar-se	to become
esquecer-se *de* *	to forget + infinitive		

*The verbs *lembrar* and *esquecer* have different meanings when they are used without the reflexive pronouns. Here are some examples:

1. Lembrar = *to remind, to resemble, to bring up memories*

Alguém precisa me *lembrar* da reunião.

Anita *lembra* seu pai. = Anita se parece com o pai dela. *Anita looks like her father – or – Anita resembles her father.*

Esta fazenda me *lembra* a tia Maria. *This farm reminds me of Aunt Maria.*

2. Esquecer = *to forget something or someone*

Eu *esqueci* meu livro em casa. *I forgot my book at home.*

Eu me esqueci de você. *I forgot about you.*

3. Chamar = *call oneself, to call someone, to nudge someone or even wake someone up.*

Eu *me chamo* Patrícia. I *call myself* Patrícia = *My name is Patricia.*

Eu chamo a Patrícia todas as manhãs. *I wake Patricia up every morning.*

Where to place the reflexive pronouns?

Notice that when the reflexive verb is in the infinitive form, it is hyphened and the reflexive pronoun **SE** is placed after the verb. However, in Brazilian Portuguese, it is common to place the pronoun before the conjugated verb. In addition, if there are two verbs (the first is conjugated and the second is in the infinitive form) the reflexive pronoun should be positioned between the two verbs.

Exemplos:

Eu **me** <u>sinto</u> bem. (afirmativa)

Eu *não* **me** <u>sinto</u> bem. (negativa)

Eu <u>vou</u> **me** <u>deitar</u> cedo. (composto)

Pronomes pessoais	Pronomes reflexivos	Reflexive pronouns
eu	me	myself
tu	te	yourself
você	se	yourself
ele/ela	se	himself/herself
nós	**nos**	ourself
a gente	se	"ourself"
vocês	se	yourselves
eles/elas	se	themselves

Atenção!
The pronouns **NÓS** and **NOS** are pronounced differently! While **nós** has a very open sound, **nos** has a close sound as in double –**oo** (i.e. s**oo**n) in American English

Exercício 2

O que falta? Complete os diálogos com a forma correta dos verbos. *Complete the short dialogues with the correct form of the verbs.*

> cuidar-se – esquecer-se – lembrar-se – casar-se –
> preocupar-se – alimentar-se

A: Desculpe-me! Ontem eu _____ de te ligar!

B: Não tem problema!

C: Você _____ do aniversário da Carla?

D: Ai! Eu _____ completamente. Já passou?

E: Você tem _____ muito mal! Cuidado para não ficar doente!

F: Não _____ eu sei _____.

G: Por que você _____ tão rápido? Amava seu noivo tanto assim?

H: Precisa dividir as despesas com alguém.

Language point

Passado contínuo

The past continuous describes actions that were happening at a specific time in the past. It is formed by the imperfect of the auxiliary verb ESTAR + the principal verb in the gerund.

Eu	**estava** dormindo	*muito*
Tu	**estavas** dormindo	*cedo*
Você/ele/ela	**estava** dormindo	*mal*
Nós	**estávamos** dormindo	*bem*
Vocês/eles/elas	**estavam** dormindo	8 horas por noite
A gente	**estava** dormindo	quando Luís **chegou**.*

*Note that in the sentence: *A gente **estava** dormindo quando o Luís **chegou***, we describe two actions. In this case, the verb in the simple past suggests an interruption of the ongoing action in the past progressive.

Exercício 3

O que eles estavam fazendo ontem à noite? Descreva as fotos abaixo. Use o passado progressivo e o pretérito, como nos exemplos do "Language Point" above.

_____ _____
_____ _____
_____ _____

_____ _____
_____ _____
_____ _____

Diálogo 2: Cuidado com o estresse! (Audio 2.10)

Taís percebeu que sua amiga Clarice está muito estressada. *Taís has noticed that her friend Clarice is very stressed out. She is trying to find out what is wrong with her best friend.*

CLARICE: Não sorrio, não durmo, nem como.

TAÍS: Como assim?

CLARICE: Isso mesmo. Não me alimento, não me divirto e mal posso dormir.

TAÍS:	Você precisa relaxar! O estresse pode causar várias doenças!
CLARICE:	Infelizmente, o meu estresse virou uma doença e estes são só alguns dos sintomas.
TAÍS:	Que horror, Clarice! O que está te deixando tão estressada e ansiosa?
CLARICE:	Tudo, inclusive você!

Dialogue 2: Be careful with the stress!

CLARICE:	I cannot laugh, sleep or even eat.
TAÍS:	What do you mean?
CLARICE:	That's it! I am not eating, having fun, and I cannot even sleep.
TAÍS:	You need to relax! Stress can cause many diseases!
CLARICE:	Unfortunately, my stress has become a disease and these are some of the symptoms.
TAÍS:	That is horrible! You should look for help! What is making you so stressed out and anxious?
CLARICE:	Everything, including you!

Exercício 4

O que falta? Complete as orações com as seguintes palavras. *Complete the sentences with the words below.*

> comer – sono – estresse – tudo – divertir-se – apetite –
> relaxar – alegria – dormir

1   A doença da Clarice é o _____.

2   Clarice não pode _____, _____, _____

3   Os sintomas da doença da Clarice são a falta de _____,
    _____ e _____.

4   _____ estressa a Clarice, inclusive sua amiga, Taís.

5   Taís disse que Clarice precisa _____.

Language point

Usos do verbo DEIXAR

DEIXAR + Adjetivo = *to make [someone] feel a certain way, influence someone's mood* – O estresse <u>me deixa</u> deprimido.

DEIXAR + substantivo = *to make* – Nadar <u>me deixa</u> com fome.

DEIXAR + verbo = *to allow* – Taís <u>deixou</u> sua filha dormir fora (*sleep out*).

DEIXAR + alguém = *to abandon someone* – <u>Deixei</u> o meu marido.

DEIXAR + lugar = *to leave a place* – Carlito <u>deixou</u> o escritório tarde.

DEIXAR + position = to give up a job or a project – Amélia <u>deixou</u> a gerência da loja.

DEIXAR + de + verbo = *stop doing something* – Eu <u>deixo de</u> dormir quando estou ansioso.

Conjugação do verbo **DEIXAR**

	Present	*Past*
eu	deixo	deixei
tu	deixas	deixaste
ele/ela/você	deixa	deixou
nós	deixamos	deixamos
eles/elas/vocês	deixam	deixaram
a gente	deixa	deixou

Exercício 5

Conexão lógica. Relacione as orações da Coluna A com seus significados (uso) da coluna B. *Match each sentence to its meaning/function.*

■ Coluna A

1   Ele deixou de comer doce.
2   Pedro planeja deixar a procuradoria.

3   Falar ao telefone me deixa cansada.
4   A Mariana deixou o Carlos na véspera do casamento.
5   Meu chefe me deixou entregar o relatório semana que vem.
6   Carmem deixou seu filho usar seu computador.
7   Nada me deixa irritada.

■ Coluna B

( ) to give up on a project or job
( ) to stop doing something
( ) to trigger a feeling
( ) to abandon
( ) to leave a place
( ) to allow
( ) to authorize

Exercício 6 (Audio 2.11)

O que te deixa estressado/estressada? Ouça a conversa entre o Antônio e o Pedro. Em seguida, preencha o quadro com as causas do estresse e os conselhos que eles trocaram. *Listen to the conversation between Antônio and Pedro. Complete the table with the causes and suggestions.*

1 Antônio (Corretor de Imóveis)   2 Pedro (Advogado e Procurador)

	Problemas	Sugestões (como lidar com o problema)
Antônio		
Pedro		

Language point

Advérbios

The adverbs modify verbs, adjective or other adverbs. They usually indicate manner, frequency, place, time and doubt. Here is the list of the commonly used adverbs in Portuguese.

às vezes	*sometimes*
bem	*well*
com frequência	*often*
frequentemente	*frequently*
geralmente	*usually*
mal	*badly*
nunca	*never*
quase nunca	*hardly ever, almost never*
rápido	*fast*
raramente	*rarely*
sempre	*always*
somente	*only*

Exercício 7

Minha rotina. Complete as orações com suas informações pessoais. Use os verbos reflexivos da página anterior. *Complete the sentences with personal information. Use reflexive verbs.*

1   Eu sempre _____ depois do trabalho.

2   Às vezes, eu _____ durante as férias.

3   Eu nunca _____ à tarde.

4   Raramente _____ de manhã.

5   Eu _____ mal.

6   Quase nunca _____.

7   Eu _____ rápido.

Exercício 8

Para lidar com o estresse do dia-a-dia eu ... Olhe as fotos e responda às perguntas. *Look at the photos. Answer the questions.*

1   Como essas pessoas (nas fotos acima) lidam com o estresse?

2   Quais são as maneiras mais saudáveis de lidar com o estresse da vida moderna?

3   Quais são as maneiras menos saudáveis de lidar com o estresse da vida moderna?

4   O que você faz quando está estressado?

Exercício 9

Qual é o seu nível de estresse? Responda o teste a seguir. *Answer the following test to measure your stress level.*

A pontuação das respostas é a seguinte:

1 = Nunca; 2 = Quase nunca; 3 = Às vezes; 4 = Com frequência; 5 = Sempre

Teste o seu nível de estresse!

	1	2	3	4	5
1 Você tem dificuldades para dormir?					
2 Você anda sem apetite e se sente mal quando come?					
3 Você se sente incapaz de controlar eventos importantes em sua vida?					
4 Você em algum momento se sente mal, sem mesmo estar doente?					
5 Com que frequência você se sente irritado com amigos e familiares?					
6 Com que frequência você se sente incapaz de tomar decisões?					
7 Com que frequência você se distrai da tarefa que tem que cumprir?					
8 Com que frequência você se desinteressa pelas coisas ao seu redor?					

Confira o seu resultado!

A escala de estresse:

Mantenha-se relaxado!

entre 8 e 16 pontos - significa que você lida bem com o estresse.

Continue se cuidando!

de 17 a 24 pontos - significa que há sintomas a serem observados.

Cuidado!

entre 25 e 32 pontos - significa que há muitos sintomas preocupantes. Procure um médico!

Exercício 10

Em suas palavras. Reescreva as respostas do seu teste com a forma correta do verbo reflexivo. *Rewrite the answers from the previous exercise, with the right form of the verb and reflexive pronoun.*

Exemplo:

Você se distrai da tarefa que tem que cumprir?

Eu nunca me distraio da tarefa que tenho que cumprir.

1 Você tem dificuldades para dormir?
2 Você anda sem apetite e se sente mal quando come?
3 Você se sente incapaz de controlar eventos importantes em sua vida?
4 Você em algum momento se sente mal, sem estar doente?
5 Com que frequência você se sente irritado com amigos e familiares?
6 Com que frequência você se sente incapaz de tomar decisões?
7 Com que frequência você se desinteressa pelas coisas ao seu redor?

Language point

Os usos dos verbos DAR

The verb DAR (to give) is a "light verb because it is used with object or complement with a peculiar and unpredictable meaning". Let's review the conjugation of the verb DAR.

Revendo a conjugação:

DAR (give)		
	present	past
eu	dou	dei
tu	dás	deste
ele/ela/você	dá	deu
nós	damos	demos
eles/elas/vocês	dão	deram
a gente	dá	deu

DAR = to give – Eu **dei** uma caixa de chocolate para Andreia.

DAR **=** A ansiedade **me dá** dores musculares = A ansiedade **me deixa com** dores musculares. (In this case, the verb DAR has the same meaning as DEIXAR.)

DAR PARA = *to be enough; to be possible*	Não **deu para** te ajudar. O chá **não deu para** todos os convidados.
DAR-SE BEM/MAL COM = *to get along with*	Eu **me dou bem** com minha sogra.
DAR-SE MAL = *to get in trouble*	Ele **se deu mal**.
DAR AS CARAS = to show up	Seu pai não **deu as caras** na aula de pilates.
DAR CERTO = *to turn out well*	O tratamento **deu certo**.
DAR JEITO DE = *to be (make) possible*	Vamos **dar um jeito de** acabar com esta gastrite.
DAR POR/PELO/PELA = *to notice*	Quando **dei pela** cara pálida dele, já estava desmaiando.
DAR A LOUCA = *to go wild, to make a foolish decision*	Sr. Nelson **deu a louca** no meio da reunião.
DAR CABO DE = *to do away with*	Precisamos **dar cabo deste** vício. O cigarro vai nos matar.

Exercício 11

Que expressão pode ser usada? Complete o quadro abaixo combinando as palavras dadas com as formas apropriadas do verbo DAR e seus respectivos complementos. *Complete the table below with the appropriate form of the verb DAR.*

Eu não me dou bem com a Luciana. (dar-se bem com)	A Luciana
	A depressão
	Os comprimidos
	No escritório
	A aula de capoeira
	A nova dieta
	Solidão
	A tristeza dela

Language point

What is the difference between *ficar doente* and *estar doente*?

> Eu fico doente quando não como bem! E você? – *I get sick when I do not eat well!*

FICAR + com + substantivo = Eu fico com dores musculares <u>quando</u> estou estressado.

FICAR + adjetivo = Vocês ficam deprimidos <u>sempre que</u> dormem pouco.

Causas:	*Causes:*	*Consequências (sintomas)*	*Consequences (symptoms)*
1 Tomar chuva	To be in the rain	ficar gripado/ ficar tossindo	To get a cold/be coughing
2 Tomar bebidas muito geladas	To have cold drinks	ficar **com** dor de garganta	To have a sore throat
3 Comer algo gorduroso	To eat fatty food	ficar **com** dor de barriga	To have a stomach ache
4 Sentir cheiro de tintas	To smell the fumes of paint	ficar **com** alergia/ficar espirrando	To have an allergy/to sneeze
5 Correr ou caminhar muito	To run or to walk a lot	ficar **com** dor nas pernas	To have a pain in the legs
6 Caminhar na neve sem agasalho	To walk in the snow without a sweater	ficar **com** febre	To have a fever
7 Dormir no chão	To sleep on the floor	ficar **com** dor nas costas	To have backache

Exercício 12

Qual é o melhor verbo para responder as seguintes situações? Escreva uma consequência para cada situação dada usando os verbos **estar**, **ficar** ou **ter**. *Which is the best verb to reply to the following situations? Write a consequence for each given situation.*

> **Exemplo:** Coloquei um sapato de salto muito alto. = Tenho dor nos pés./Fiquei com dor nos pés.

1   Usei um sapato apertado. _____

2   Tomei sorvete no inverno. _____

3   Dormi muito. _____

4   Comi muitos pedaços de frango frito. _____

5   Faz 7 horas que não como nada. _____

6   Estou limpando o jardim há 10 horas. _____

7   A primavera começou. _____

Language point

The verb **ficar** translates into English as *to become*. However, in Portuguese, it can have different meanings and functions dependent on the context. Some of frequent meanings are:

to get (indicating physical condition)	Eu **fico** cansado quando corro.	I get tired when I run.
	Ele **fica com** dor de garganta quando bebe água gelada.	He gets a sore throat when he drinks cold water.
to be (indicating emotional state)	Nós **ficamos** tristes quando ...	We get sad when ...
	Você **fica** confusa quando ...	You get confused when ...
to date someone (present progressive)/ to have an affair with someone (simple tense)*	Estou **ficando** com o Eduardo.	I am dating Eduardo.
	Você **ficou** com o Eduardo?	Did you have an affair with Eduardo?
to stay	A gente **fica** aqui.	We stay here.
to spend time somewhere or with someone	Elas vão ficar 5 dias em Buenos Aires.	They are going to spend 5 days in Buenos Aires.

*Note that most of the meanings attributed to the verb **ficar** designate a temporary condition, some type of transformation or consequence. This verb occurs often in colloquial Portuguese of Brazil. The last example, **ficar,** as *to date someone* appears more frequently in a colloquial context.

Expressions used to suggest a remedy or to express concerns and sympathy

Estou com dor de cabeça.	I have a headache.	Deve tomar um analgésico. Descanse!	You should take a painkiller. Rest!
Meu amigo está muito doente.	My friend is very sick.	Sinto muito! Leve-o ao consultório médico.	I am sorry! Take him to the doctor.
Minha filha caiu e quebrou o pé.	My daughter fell down and broke her foot.	Ela deve procurar um ortopedista.	She should look for an orthopedist.
A Sra. Ana tem dor nas costas.	Mrs. Ana has backache.	Ela deve fazer Yoga e alongar bastante.	She should do yoga and stretch a lot.
O professor está muito doente.	The professor is very ill.	Tomara que ele fique bem!	I hope that he will get better!
Estou muito deprimido.	I am depressed.	Devo procurar um terapeuta.	I should look for a therapist.
Estou com febre.	I have a fever.	Devo fazer repouso.	I should rest.
Estou com dor de garganta.	I have a sore throat.	Devo evitar gelado.	I should avoid cold drinks.
Ele caiu da janela.	He fell from the window.	Vamos procurar um pronto socorro.	Let us look for an emergency room.
Está sem sono.	He is not sleepy.	Deve parar de tomar café.	He should stop drinking coffee.
Houve um acidente.	There was an accident.	Que triste!	That's sad!
Anderson machucou no jogo de futebol	Anderson hurt himself in the football game.	Coitadinho! [Coitado!]	Poor thing!
O médico me receitou um antibiótico	The doctor prescribed an antibiotic.	Vou à farmácia comprar meus remédios.	I am going to the pharmacy to buy my meds.

Exercício 13

Use as expressões do quadro da página 141 para completar as
seguintes conversas. *Read the dialogues, and complete the following
conversation with the expressions from the table on page 141.*

A: Tudo bem, João? **B:** Não, quebrei o braço ontem. **A:** _____.	**I:** Que cara é essa? Aconteceu alguma coisa? **J:** Estou deprimido. **I:** _____.
C: Você tem notícias da Márcia? **D:** Ela sofreu um acidente terrível! **C:** _____.	**G:** Estou tão triste! Minha irmã está muito doente. **H:** _____!
E: Não posso te ouvir! **F:** Desculpa. É que estou com dor de garganta. **E:** _____.	**M:** Lucas caiu no banheiro. Agora tem dor nas costas. **N:** _____.

Note

1 M. A. Perini, *Modern Portuguese: A Reference Grammar*, 2nd ed. New Haven,
   CT: Yale University Press, 2002, pp. 278–9.

Unit Eight
Férias!

At the end of this unit, you will be able to:

- describe vacation plans
- initiate, sustain, and conclude a telephone conversation
- express future plans
- use the immediate and simple future (indicative tense)
- review tenses in the indicative mood (present and preterit)
- use the interrogative pronouns

Mateus e Sara estão querendo fazer os planos para suas próximas férias.
Eles querem decidir o que fazer, e organizar a viagem com antecedência.

Diálogo 1: Enfim, chegaram as férias! (Audio 2.12)

Ouça o diálogo.

MATEUS: O que você vai fazer nas próximas férias?

SARA: Ainda não sei. Mas acho que vou planejar uma viagem para o litoral de São Paulo. Topa?

MATEUS: Mas, por que São Paulo?

SARA: O litoral norte de São Paulo tem praias lindas e pousadas baratas. Sabia?

MATEUS: Nunca fui para lá, não conheço nenhum hotel ou albergue bom naquela região.

SARA:	Você já ficou em albergue?
MATEUS:	Claro! Tens uns ótimos nas melhores cidades do Brasil.
SARA:	Então, vou procurar um albergue ou uma pousada em Ilhabela para nós.
MATEUS:	Se achar um lugar com preço bom, você pode fazer a reserva, viu?
SARA:	Combinado!

Atenção!

O verbo *topar* também significa *aceitar*. Ele é usado em conversas informais para fazer um convite:

Topa? – Topo! = Você quer me acompanhar? Aceita o convite?

Exercício 1

Orações incompletas. Complete-as com as palavras dadas.

> reserva – ficar – viajar – Sampa – preço

1 Sara e Mateus vão ＿＿＿＿＿＿ para Ilhabela.
2 Sara vai ＿＿＿＿＿＿ um albergue.
3 Mateus pediu para a Sara fazer a ＿＿＿＿＿＿.
4 Eles vão procurar um hotel ou pousada com ＿＿＿＿＿＿ bom.
5 Mateus nunca foi para ＿＿＿＿＿＿.

Language point

Futuro imediato

There are three different tenses to express future actions in Portuguese: the immediate future, the simple future, or even the present tense. The immediate future is widely used in colloquial Portuguese. The conjugated form of the verb IR (auxiliary verb) + a verb in the infinitive forms this tense. This future tense indicates the intention to complete the action in near future.

Remember: do not use IR (auxiliary verb) + IR (main verb) – To say, "I am going to go", simply use "Eu vou". "*Eu vou ir*" is not acceptable.

Exemplo:

Todos os anos eu <u>fico</u> num hotel 5 estrelas. (presente)

Nestas férias eu <u>*vou ficar*</u> numa pousada. (futuro imediato)

Ou

Este ano <u>ficarei</u> numa pousada. (futuro simples)

Ou

Este ano <u>fico</u> numa pousada. Note that it is possible to use the *present* tense to indicate future actions, mainly when they are very well contextualized or used to answer a question.

Exercício 2

Verbalizando. O uso do verbo IR. Relacione a coluna A (orações no presente) às respectivas orações no futuro imediato da coluna B, logicamente.

A	B
1 Sara liga para a agência de turismo.	( ) vai viajar
2 Mateus viaja com Sara.	( ) vamos nos divertir
3 Mateus e Sarah pagam a viagem à vista.	( ) vão pagar
4 Sara leva o cachorro.	( ) vou comprar
5 Eu compro um pacote de viagem.	( ) vai levar
6 Nós nos divertimos.	( ) vai ligar

> **Para escutar:**
> O amanhã
> (Simone)

Language point

O futuro simples

The simple future is mostly used in writing. In spoken Brazilian Portuguese, this tense appears in a more formal context. As mentioned

above, in day-to-day communication, Portuguese speakers tend to use
the immediate future (Eu **vou fazer** – instead of Eu **farei**).

The conjugation of regular verbs in the simple future

	JOG**AR**	POD**ER**	PART**IR**
eu	jog**arei**	pod**erei**	part**irei**
tu	jog**arás**	pod**erás**	part**irás**
você/ele/ela	jog**ará**	pod**erá**	part**irá**
nós	jog**aremos**	pod**eremos**	part**iremos**
a gente	jog**ará**	pod**erá**	part**irá**
vocês/eles/elas	jog**arão**	pod**erão**	part**irão**

There are only three irregular verbs in the simple future tense. To conjugate
them, you simply replace "Z" with an "R". Observe the following table.

The conjugation of irregular verbs in the simple future

	TRAZER	*FAZER*	*DIZER*
eu	tra**Rei**	fa**Rei**	di**Rei**
tu	tra**rás**	fa**rás**	di**rás**

você/ele/ela	tra**rá**	fa**rá**	di**rá**
nós	tra**remos**	fa**remos**	di**remos**
a gente	tra**rá**	fa**rá**	di**rá**
vocês/eles/elas	tra**rão**	fa**rão**	di**rão**

Exercício 3

Conexão lógica. Leia as informações sobre a viagem de cada pessoa listada na coluna A. E, em seguida, utilize as informações da tabela para escrever orações usando o futuro imediato e o futuro simples.

A	B	C	D
Ex. Carla	Rio de Janeiro	hotel	5 dias
1 Manuela	Belém	barraca (tent)	duas noites
2 Marisa	Paris	pousada	com seu marido
3 Antônio	Natal	albergue	R$ 45 (por dia)
4 Carlos	Madri	casa dos seus amigos	1 mês/ dezembro
5 Jussara e Ana	Ouro Preto	república (casa de estudantes universitários)	com a turma*
6 Eu	São Paulo	hotel	Sozinha

Exemplo:

Carla **vai viajar**. Ela **vai** para o Rio de Janeiro e **vai ficar** num hotel 5 estrelas.

Carla **viajará** para o Rio de Janeiro e **ficará** num hotel 5 estrelas.

1 _____

_____

2 _____

_____

3 _____

_____

4 _____

_____

5 _____

_____

6 _____

_____

Exercício 4

Sem erros. Corrija as orações abaixo.

1 Quando a gente iremos para Caraguatatuba?

_____

2 Onde vocês vai passar a férias?

_____

3 Quem eles irão para a praia?

_____

4 Nós vamos viajar para carro.

_____

5 Eu vou ir em pé.

_____

6 Eu vou ir amanhã.

_____

Exercício 5

Verbalizando. Identifique o infinitivo de cada verbo, e reescreva as orações no futuro.

Verbo no infinitivo

1 Minha viagem é um sucesso!

_____   _____

2 Vou chegar amanhã mais cedo.

_____   _____

3 Fui ao Museu de Arte Moderna.

_____   _____

4 Faço a reserva no hotel 3 estrelas.

_____   _____

5 Eles vão para Gramado.

_____   _____

6 Nós dizemos a verdade.

_____   _____

7 Elas trazem chocolate belga.

_____   _____

8 Vocês sempre fazem a mala *em cima da hora*.

_____   _____

Exercício 6

Conexão lógica. Relacione as seguintes palavras – os tipos de viagem – às fotos abaixo.

aventura – cultural – ecoturismo – gastronômico – mochileiros – romântico

■ Estilos de viagem

1   2   3

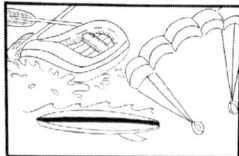      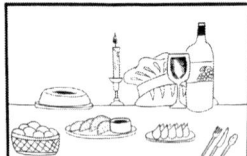

4   5   6

Exercício 7

Atribua cada palavra do exercício 6 a sua respectiva descrição abaixo.

1   No estilo _____ as viagens são escolhidas com o apelo de conhecer uma determinada vinícola, visitar restaurantes estrelados de grandes chefs, experimentar novos produtos como queijos, chocolates, e até mesmo, para comer um churrasco no fogo de chão preparado pelos gaúchos numa cidade do Sul do Brasil.

2   A viagem a dois é uma boa opção para os casais apaixonados e que têm o estilo _____ de viajar.

3   Os _____ viajam de forma independente e econômica.

4   _____ o primordial dessa viagem é o contato íntimo com a natureza, em ambientes preservados.

5   _____ viagens ideais para quem deseja passar momentos em contato com culturas diferenciadas, nacionais ou

estrangeiras, com grande aprendizado de vida, como quilombolas, indígenas, caiçaras, caboclos.

6 _____ viagens que privilegiam atividades de grande adrenalina, realizadas em ambientais naturais, rurais ou urbanos, com caráter recreativo e que envolvem riscos controlados.

Exercício 8

Produção Escrita. Planeje sua viagem. Escolha seu estilo de viagem e responda às perguntas a seguir usando o tempo verbal adequado (presente ou futuro).

1 Qual é o seu estilo de viagem?
2 Para onde você quer ir?
3 Quando você quer viajar?
4 Quanto pretende gastar?
5 Onde vai se hospedar?
6 Como vai pagar pela viagem?

Agora, utilize as informações do exercício 8 para escrever um e-mail convidando seu amigo para uma viagem. Informe o tipo de viagem e o destino escolhido, o preço, as datas da viagem, o tipo de hospedagem, o valor da viagem e como podem pagá-la.

Correio Colloquial
Para:
CC:
Assunto:
Bom dia! ....

Language point

Os pronomes interrogativos

The interrogative pronouns are placed before a declarative sentence. Usually, there is no need to invert the order (subject + verb) to ask a question in Portuguese.

Os pronomes interrogativos mais usados (Audio 2.13)

Que/O que/A que	– what (what + is – to define things/at what – to ask at what time)
Qual (quais)	– which
Quando	– when
Quanto (quanta)	– how much
Quantos (quantas)	– how many
Por que (porque)	– why
Quem (de quem/com quem/para quem)	– who (of whom; with whom; to whom)
Onde (de onde/para onde)	– where (from where, to where)
Como	– how

Exemplo: *Ele mora* em São Paulo. = <u>Onde</u> *ele mora*?

Often, changing the intonation is sufficient to turn a declarative sentence into an interrogative one. Listen to the examples below (Audio 2.13).

Exemplo:

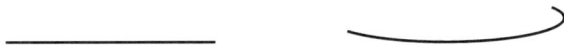

Você vai para Lisboa. X Você vai para Lisboa?

Ele vai gostar deste café. X Ele vai gostar deste café?

Exercício 9 (Audio 2.14)

O que falta? Complete o diálogo com os pronomes interrogativos adequados. Em seguida, ouça-o e confira suas respostas.

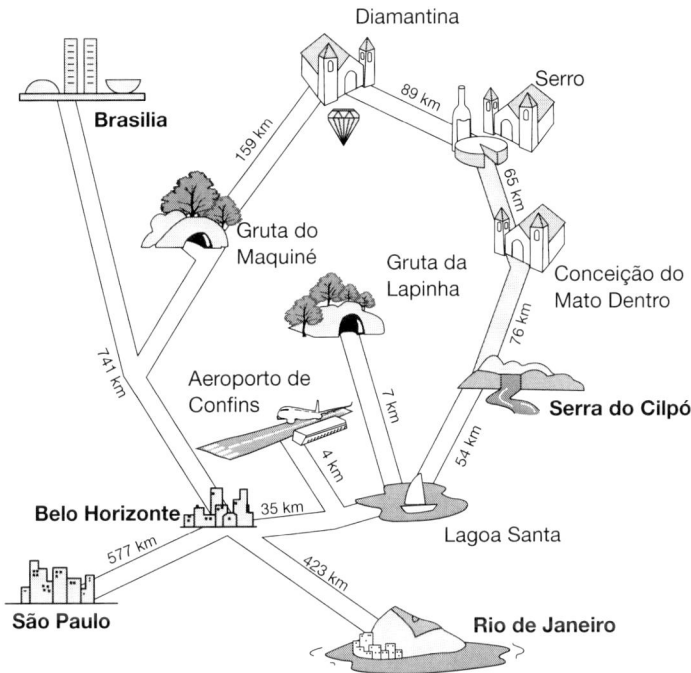

NICOLAS:	Simone, vamos viajar?
SIMONE:	(1) _____você quer ir Nicolas?
NICOLAS:	Estou pensando em ir para a Serra do Cipó sábado.
SIMONE:	(2) _____ tempo gastamos de Belo Horizonte à Serra?
NICOLAS:	Vamos levar cerca de duas horas. Você topa?
SIMONE:	(3) _____ você quer sair?
NICOLAS:	Às 5:00 da manhã.
SIMONE:	(4) _____você está pensando em se hospedar?
NICOLAS:	Hospedar que nada! Vou acampar!
SIMONE:	(5) _____pessoas cabem em sua barraca?

NICOLAS: Quatro pessoas dormem confortavelmente em minha
barraca.

SIMONE: Uau! (6) _____ comprou esta barraca
gigante?

NICOLAS: Não importa! Você vem?

Exercício 10

Leia os anúncios de pacotes de viagem. Você precisa de mais detalhes sobre estas ofertas. Escreva perguntas para agente de turismo.

SERRA GAÚCHA LIGHT - 8 DIAS	A partir de **10x** de R$ **118,00** Voo Ida/Volta + Hospedagem + Traslado
SERRANO RESORT & SPA – 8 DIAS – ROTEIRO SERRA GAÚCHA LIGHT	A partir de **10x** de R$ **177,00** Voo Ida/Volta + Hospedagem + Traslado
SERRA GAÚCHA – 8 DIAS – RAÍZES CULTURAIS	A partir de **10x** de R$ **123,00** Voo Ida/Volta + Hospedagem + Traslado

PACOTES DE VIAGEM PARA
SEMANA SANTA 2017
(programe-se e curta este feriado com a sua família)

Blue Marlin Hotel Praia de Cotovalo (RN) PACOTE COME 3 NOITES EM APTO DBL FRENTE VALE – 18 À 21/04/14	*A partir de:* ENTRADA R$ 116,00 + **6X R$ 57,00** (Total: R$ 458,00) *(Grátis: 01 Criança até 05 anos)*
Hotel Parque das Fontes Beberibe (CE) PACOTE COME 4 NOITES EM CHALÉ JR JARDIM – 17 À 21/04/14	*A partir de:* ENTRADA R$ 108,00 + **6X R$ 54,00** (Total: R$ 432,00) *(Grátis: 02 Crianças até 12 anos)*

o que – quanto – qual – a que – onde – como

- Pagar: formas de pagamento – parcelado/à vista/cartão de crédito/
com ou sem juros.

- Tipos de hospedagem – duplo/suíte de luxo/triplo/individual.
- Localização dos hotéis – atrações (museus, parques, restaurantes, etc.) na área.
- Horários e dias disponíveis para o voo de ida e volta.

_____

_____

_____

_____

_____

_____

_____

Diálogo 2: Planos de viagem (Audio 2.15)

Ouça o diálogo. Identifique e circule todos os verbos.

RECEPCIONISTA:	Agência de turismo Quatro Estações. Boa tarde. Em que posso ajudar?
SARA:	Boa tarde. Quero reservar um quarto duplo para o fim de semana do dia 15 de janeiro, na Pousada Ondas do Mar.
RECEPCIONISTA:	Com quem falo, por favor?
SARA:	Sara.
RECEPCIONISTA:	Sra. Sara, só temos quarto individual ou triplo para esse fim de semana. Suas datas são flexíveis? Posso ver a disponibilidade para o fim de semana seguinte.
SARA:	Sim, mas precisa ser um quarto duplo para não fumantes. Somos alérgicos.
RECEPCIONISTA:	Temos, sim.
SARA:	Qual é o valor da diária? Inclui café da manhã?
RECEPCIONISTA:	*Está saindo* a 128 reais por dia com café da manhã e traslado (transporte de ida e volta) para o aeroporto de Guarulhos.
SARA:	Qual é o horário do check-in?
RECEPCIONISTA:	O check-in pode ser feito qualquer hora depois das 2:00 da tarde. A saída tem quer ser antes do meio-dia.
SARA:	Obrigada. E, qual é a forma de pagamento?
RECEPCIONISTA:	Cartão de crédito apenas, Senhora. É necessário pagar um depósito quando efetuar a reserva.

Exercício 11

Correto ou incorreto? De acordo com o diálogo 2, marque **C** para as informações corretas e **I** para as incorretas.

1 A agente não tem nenhum quarto disponível. ( )
2 Sara e seu amigo têm alergia. ( )
3 Sara e Mateus vão pagar R$ 564 pelo fim de semana neste hotel. ( )
4 O check-in e a saída podem ser efetuados depois das 2:00 da tarde. ( )
5 O pagamento pode ser feito à vista ou parcelado. ( )

Exercício 12

Reescreva, no quadro abaixo, os verbos que você identificou no diálogo 2. E, em seguida, classifique-os em:

1 Verbo Irregular no Presente (Pr1)   3 Gerúndio (G)
2 Verbo Regular no Presente (Pr2)   4 Infinitivo (I)

são	**Pr1**	posso	**Pr1**	ver	**I**

Exercício 13

Leia as respostas abaixo. Quais seriam as perguntas apropriadas para cada resposta?

1   Sara procura um quarto duplo para não fumantes.

_____

2   O preço da diária é R$ 128.00.

_____

3   A diária inclui traslado e café da manhã.

_____

4   Sara vai conversar com Mateus.

_____

5   Sara e Mateus querem viajar em janeiro de 2015.

_____

6   A agência Quatro Estações fica em Ubatuba.

_____

Exercício 14 (**Audio 2.16**)

Ouça o anúncio do *Hotel Praia de Iracema*, e marque **C** (certo) para as orações que descrevem as características do hotel, e **I** para as informações incorretas sobre o hotel.

1   (   ) O hotel fica perto da praia.
2   (   ) Os teatros, cinemas, bares e restaurantes ficam longe do hotel.
3   (   ) Os apartamentos são decorados com cores fortes e são aconchegantes.
4   (   ) O hotel oferece café da manhã, mas o hóspede tem que pagar separado.
5   (   ) O Hotel Praia de Iracema tem uma varanda com piscina.

Exercício 15

Antes de ler. Reflita sobre as seguintes questões.

1   Quando você viaja gosta de visitar museus? Quais são os seus tipos de museus preferidos?
2   Para você, é importante saber quais são os tipos de museus que uma cidade possui na hora de decidir visitá-la?
3   Você já visitou algum museu/complexo cultural ao ar livre?

Exercício 16

Leia o seguinte texto sobre o *Complexo Cultural Inhotim*.

Belo Horizonte Cultural

■ Complexo cultural Inhotim precisa de dois dias para ser percorrido

O Narcissus Garden, da artista japonesa Yayoi Kusama, conta com 500 esferas de aço inoxidável, que flutuam sobre um tanque de concreto coberto por água.

Localizado no município de Brumadinho, a 60 km de Belo Horizonte, Inhotim é um local único no mundo. O empresário mineiro Bernardo Paz fundou em sua propriedade, no ano de 2002, o Instituto Cultural Inhotim, com a finalidade de abrigar um acervo de arte contemporânea e também uma coleção botânica. Em 2005, o Instituto foi aberto para visitas pré-agendadas e, em 2006, ao público em geral.

Em 2014 o local foi escolhido pelos usuários do *Trip Advisor* como um dos **25 melhores museus** do mundo e hoje estima-se que, anualmente, cerca de 300 mil pessoas visitem o Inhotim.

Não se sabe ao certo a origem do nome, mas uma estória interessante contada pelos mais antigos moradores da região diz que a palavra surgiu como referência a um minerador inglês chamado Sir Timothy que, na linguagem popular, passou de "Senhor Tim" para "Nhô Tim".

Diferentemente da maioria dos museus, no Inhotim as obras de arte contemporânea estão distribuídas em pavilhões, galerias e ao ar livre, em meio a um Jardim Botânico, totalizando 110 hectares de área. São cerca de 700 obras produzidas por artistas de diferentes partes do mundo e 4.200 espécies de plantas de todos os cantos do planeta. Muitas obras foram construídas no sistema "site-specific", no qual o artista cria no mesmo local de exposição.

O Instituto Inhotim está preparado para receber o visitante com uma estrutura impressionante. Possui restaurantes, lanchonetes, pizzaria, cafés, estacionamento, serviço de transporte com carrinhos elétricos, visitas guiadas com monitores, bebedouros e sanitários estrategicamente distribuídos, lojas com produtos de artistas locais e visitas de grupos mediante agendamento.

Adapted from: http://viagem.uol.com.br/album/guia/2014/11/12/complexo-cultural-inhotim-precisa-de-dois-dias-para-ser-explorado.htm?mobile

Exercício 17

Responda às perguntas.

1 Onde fica o Inhotim?
2 Como este museu é visto pelos críticos?
3 Em termos de estrutura, o que este museu oferece aos seus visitantes?
4 O que se pode ver ao visitar este museu?
5 Porque podemos afirmar que este é um local único no mundo?
6 Em 2014, estima-se que cerca de 300 mil pessoas visitem o Inhotim. É possível fazer outras previsões para o Complexo cultural Inhotim?

Sugestões

Para saber mais sobre:

Estilos de viagem no Brasil visite:

http://www.revistaviajar.com.br/

Museus:

http://www.minasgerais.com.br/pt

Vocabulário e expressões

ainda – *yet*
albergue (da juventude) – *hostel*
alta temporada – *high season*
barata – *cheap*
barraca – *tent (camping)*

cartomante – *psychic/future teller*
disponibilidade – *availability*
disponível – *available*
esgotar – *to be over/to be out*

está saindo a R$ – *the cost is ... U$*
fumantes – *smokers*
ida e volta – *round trip*
ligo (ligar) – *to make a phone call*
litoral – *coast line*
nenhum – *any*
norte – *north*
ótimo – *great*
pacote de viagem – *packet*
pousada – *bed and breakfast hotel/inn*

praia – *beach*
reserva – *reservation*
Sampa – *word used in informal conversations to refer to the city of São Paulo*
semana seguinte – *following week*
turma – *group of friends, classmates or colleagues; a crowd, a crew*
vaga – vacant

Unit Nine
Vá de ônibus

At the end of this unit, you will be able to:

- book a flight, rent a car, use public transportation, and schedule a taxi ride
- talk about types of transportation, community events
- be familiar with expressions used when getting around in Brazil
- use the imperative mood and its peculiarities
- us the prepositions PARA and POR

Diálogo 1: Vá de ônibus
(Audio 2.17)

Sara e Mateus falam sobre suas experiências viajando e usando o transporte público no Brasil.

SARA: Depois daquela viagem à São Paulo, estou mais animada com relação ao *transporte coletivo* no Brasil.

MATEUS: Foi realmente impressionante! Economizamos muito e não ficamos tão cansados.

SARA: Agradeça-me por insistir nessa ideia e não reservar as passagens de *avião*.

MATEUS: Depois disso eu sempre digo: onde quer que você vá, deixe o *carro* na garagem!

SARA: Eu ouvi dizer que aqui no Rio de Janeiro, *o metrô* funciona muito bem. Vamos experimentar!

MATEUS: Deixamos para amanhã. Com essa chuva prefiro pegar um *taxi*.

SARA: Dê conselhos, mas não se esqueça de segui-los!

MATEUS: Pare! Ah... Como você é chata!

Exercício 1

Releia o diálogo 1. Marque **C** para as informações corretas e **I** para as incorretas.

1 O trem do Rio de Janeiro funciona muito bem.	**C**	**I**
2 Sara não tem queixas sobre o transporte coletivo em São Paulo.	**C**	**I**
3 As sugestões do Mateus só servem para os outros.	**C**	**I**
4 Caso esteja chovendo, Mateus e Sara pegarão o ônibus.	**C**	**I**
5 Durante sua viagem para São Paulo, Mateus e Sara economizaram.	**C**	**I**

Vocabulário

Transportes coletivos comuns no Brasil:

avião – *airplane*   ônibus – *bus*
barco – *boat*   taxi – *taxi*
carro – *car*   trem – *train*
metrô – *subway*

Expressões

chamar/pedir um taxi – *ask for a taxi*
comprar uma passagem de ida e volta – *to buy a round trip*
comprar um bilhete único (uma tarifa única) – *to buy one-way trip/fare*
comprar um cartão/bilhete eletrônico (na bilheteria ou no autoatendimento) – *to buy a bus or subway day/month pass*
fazer uma reserva – *to make a reservation*
pegar (tomar) o ônibus/o taxi/o metrô/o trem – *take the bus, the subway and the train*

Language point (Audio 2.18)

Leia e ouça

Dicas para quem vai alugar um carro!

1 Verifique se a documentação do veículo *está em dia*.
2 Opte pelo seguro total, que inclui reembolso para colisão, roubo, furto, incêndio e danos a terceiros.
3 Cadastre todos os motoristas que vão dirigir.
4 Faça uma vistoria minuciosa na lataria, no interior e nos acessórios do veículo. Abra o porta-malas e veja se o estepe está em bom estado e se as ferramentas para a troca de pneu estão lá.

5 <u>Exija</u> uma vistoria completa e um recibo atestando suas condições para que não <u>sejam</u> feitas futuras cobranças.

6 <u>Escolha</u> o plano com quilometragem livre que é geralmente mais vantajoso.

7 <u>Pague</u> a diária mais alta para poder rodar muitos quilômetros.

8 <u>Peça</u> cadeirinhas para as crianças, de acordo com a idade.

9 <u>Observe</u> se há taxa extra para a devolução em uma cidade diferente da que você retirou o veículo.

10 <u>Encha</u> o tanque antes de devolver o carro.

11 Não <u>atrase</u> para devolver o veículo. A multa é de um terço da diária por hora de atraso;

12 <u>Dê</u> "baixa" no veículo, registrando a hora da devolução. Você é responsável somente pelas infrações que cometer durante a locação.

Vocabulário

cadastrar – *to register*
cadeirinhas – *car seats for children*
colisão – *colision*
danos a terceiros – *injuries to third parties*
dar baixa – *to document the return of a borrowed object*
devolução – *return a product or fee*
diárias – *per day/daily rate*
estepe – *spare tire*
exigir – *demand, enforce*
ferramenta – tools
furto – *steal*
incêndio – *fire*

infrações – *traffic infractions*
locação – *rental*
locomoção – *mobility*
multa – tickets, *fine*
pneu – *tire*
porta-malas – *trunk*
queixas (reclamações) – *complaints*
recibo – *receipt*
rodar – *to drive around or to spin*
roubo – *theft*
tanque – *tank*
taxa – *taxes*
vantajoso – *a good deal*
vistoria – *inspection*

Para escutar:
No balanço do balaio (Vander Lee)

Exercício 2

Marque a melhor opção.

Os verbos sublinhados na lista de dicas acima dão ideia de:

1 ( ) hábitos   2 ( ) ordens e sugestões   3 ( ) possibilidades

Language point

O imperativo (the imperative form)

O imperativo é usado para dar ordens e sugestões, mas não é muito comum na língua falada. Geralmente, os brasileiros usam o presente do indicativo ou o condicional para dar ordens e sugestões ou fazer pedidos.

Preste atenção às formas verbais do imperativo:

No imperativo, os VERBOS REGULARES são conjugados das seguintes formas:

	falAR	*comER*	*assistIR*
você/ele/ela	fale	coma	assista
vocês/eles/elas	falem	comam	assistam
nós	falemos	comamos	assistamos

Exercício 3

Agrupe os verbos, da lista de dicas da página anterior (*Dicas para quem vai alugar um carro*), em 1ª (AR), 2ª (ER) e 3ª (IR) conjugação.

1ª conjugação (AR)	2ª conjugação (ER)	3ª conjugação (IR)

Language point

Alguns verbos irregulares no imperativo

	ele/ela/você/a gente	*eles/elas/vocês*	*nós*
DAR	dê	deem	demos
ESTAR	esteja	estejam	estejamos
FAZER	faça	façam	façamos
IR	vá	vão	vamos
PODER	possa	possam	possamos
SER	seja	sejam	sejamos
TER	tenha	tenham	tenhamos
TRAZER	traga	tragam	tragamos

Exercício 4

Leia as situações e crie sugestões para cada uma delas. Use o **imperativo**.

1 Vou viajar sozinha para o Ceará.

_____

2 O meu voo para Belém vai durar 10 horas.

_____

3 Não tenho dinheiro para pegar um taxi.

_____

4 Tenho náusea sempre que viajo de barco.

_____

5 Vou visitar a floresta amazônica.

_____

6 Vou de carro para São Paulo.

_____

7 Perdi o ônibus.

_____

8   Acabo de bater o carro alugado.

_____

9   Como pode? Esta cidade não tem ciclovia!

_____

Exercício 5

Antes de ler.

A. Responda.

1 Você usa transporte público?

2 Você já usou transporte público em outras cidades ou países do mundo?

B. Leia

■ Transportes em Salvador

Salvador se preparou para a Copa do Mundo e modernizou parte do seu sistema de transportes. Entre as mudanças, recebeu linhas de metrô para facilitar a *locomoção*. Mesmo assim, apesar de o carro *ser a melhor pedida*, o trânsito em Salvador *não é moleza!* Para chegar *pontualmente* ao lugar planejado, você deve se programar e sair cedo de casa. Como nas outras grandes capitais, nos horários de saída e chegada do trabalho, muitos pontos ficam *congestionados*. Aqui vão algumas dicas para quem quer passear em Salvador.

Ônibus – Circular de ônibus pelas ruas da capital é bem fácil, principalmente se sua intenção é ir a algum ponto turístico. O número de ônibus que circulam por lá é grande, e, apesar de a população ter suas queixas, o transporte público é *razoável*. O valor da passagem varia entre R$2,50 e R$3,00 sendo que a maioria tem o valor menor. É claro que o ônibus não tem todo o conforto de um táxi, mas a economia é notória quando você pretende ir ao aeroporto: no ônibus você paga R$3,00 enquanto que no táxi, com o trânsito de Salvador, gasta cerca de R$60,00.

Táxi – *Andar de táxi* em Salvador não é barato, principalmente se a *corrida* estiver *na bandeira dois,* mas é uma boa opção para quando você for sair à noite, já que mais seguro. O Aeroporto Internacional de Salvador fica bem longe da área central da cidade. Entre o aeroporto e o Pelourinho, por exemplo, gasta-se *em torno* de R$60,00 com o *trajeto*; entre o Rio Vermelho e a Pituba, cerca de R$14,00; e entre o Mercado Modelo e Itapuã, por volta de R$44,00.

Carro – Se você alugar um carro ou estiver com seu veículo próprio, terá as dificuldades normais de quem dirige sem conhecer bem uma cidade, mas com o tempo esses detalhes serão esquecidos e logo você já passeia como um grande conhecedor. A cidade é bem *sinalizada* e a maioria dos pontos turísticos são fáceis de chegar, mas fica de novo o lembrete sobre o trânsito: Salvador tem *engarrafamentos* e algumas avenidas têm *fluxo intenso de carros*. Portanto, conte o tempo que você levará no trânsito. Vale lembrar também que, no Pelourinho, em uma boa parte das ruas não é possível andar de carro – você terá que deixar seu carro nos arredores e caminhar até lá.

Adapted from: http://guia.melhoresdestinos.com.br/brasil-1-cat.html

■ Transport in Salvador

Salvador prepared for the World Cup and modernized its public transport system. Among the changes, the system has received new subway lines to facilitate people's access. Still, even if cars are a better option, the traffic in Salvador is not a walk in the park! In order to arrive at your planned destination on time, you must plan ahead and leave home early. Similar to other big capitals, during the rush hour on the way in and out of work there are many points in the city that get congested. So, here there are some tips for whoever wants to get around in Salvador.

Buses – Circulating around the capital by bus is very easy, especially if it is your intention to go to some tourist spots in the city. There is a large number of buses circulating around the city and, even though the population has a lot of complaints about it, the public transport system is quite efficient and economical. The average fare varies from R$2.50 to R$3.00, the lowest price being the most common. It is clear that the buses do not offer the same level of comfort as the taxis, but the savings become noticeable when you want to go to the airport: by bus, one usually pays R$3.00 while, considering the traffic in Salvador, one pays around R$60.00 by taxi.

Taxi – Taking taxis in Salvador is not cheap, especially if the taxi ride is considered *"bandeira dois"* [late night and overnight fares], but it is a good option for when you go out at night because it is a safer. The

International Airport of Salvador is quite far from the downtown area of
the city. For instance, between the airport and Pelourinho, you might
spend around R$60.00 on the taxi route; between Rio Vermelho and
Pituba, around R$14.00; and between Mercado Modelo and Itapuã,
around R$44.00.

Cars – If you rent a car or you have your own car, you will face difficulties that are common to drivers who do not know the city well, but,
with time, these small details will be forgotten and soon you will be
able to cruise around the city as a "great connoisseur". Most tourist
spots are easily accessed as the city clearly identifies them through
well marked traffic signs, but it is always good to have a reminder
about the traffic in Salvador: there are traffic jams in the city and some
avenues have quite an intense flow of traffic. Therefore, always consider the time you will spend in traffic. It is also worth noting that, in
Pelourinho, it is impossible to drive in most of the streets – you will
have to leave the car in the vicinity and walk to get there.

Source: http://guia.melhoresdestinos.com.br/brasil-1-cat.html

Exercício 6

Releia o texto "Transporte público em Salvador" (p.168) e liste as vanta-
gens e desvantagens de se usar cada meio de transporte em Salvador.

Ônibus	Vantagens	Desvantagens
Carro	Vantagens	Desvantagens

Taxi	Vantagens	Desvantagens

Vocabulário e expressões

arredores – *surrounds*
congestionado – *jammed*
corrida de taxi (bandeira 2) – *cab/taxi fare*
em torno – *around*
engarrafamento – *traffic jam*
fluxo – *traffic*
levar um tempo no (para)/levar um tempo fazendo algo – *to take time doing something/ to spend time on something*

locomoção – *mobility*
não é moleza! – *isn't easy!*
notório – *noticeable*
o trajeto – *trajectory*
pontualmente – *punctually*
razoável – *acceptable*
ser a melhor pedida! – *be the best option*
sinalizada – *with appropriate signals*

Exercício 7

Seu/sua amigo/a vai viajar para Salvador. Releia o texto (pág. 168) sobre o sistema de transporte da capital baiana. Em seguida, observe a lista de pontos turísticos, e escreva uma lista de sugestões para seu amigo (sua amiga).

Mercado modelo

Elevador Lacerda

Palácio Rio Branco

Festas do Largo

Itapuã

Centro histórico de Salvador

Para mais detalhes sobre estes lugares visite a página da web: http://
www.salvadorbahiabrasil.com/atracoes-salvador.htm
    Verbos sugeridos:

> reservar – ir – beber – observar – vestir – usar – tirar – levar –
> tomar cuidado – tomar – caminhar – visitar

   Exemplo: Aeroporto (pegar) – Não se <u>atrase</u> para chegar ao
   aeroporto, <u>pegue</u> um taxi.

1 Itapuã – _____

2 Pelourinho – _____

3 Mercado Modelo – _____

4 Farol de Mãe Luiza – _____

5 Praia de Ponta Negra – _____

6 Cajueiro de Pirangi – _____

7 Fortaleza dos Reis Magos – _____

8 Parque das Dunas – _____

9 Pituba – _____

10 Hotel – _____

Exercício 8 (Audio 2.19)

Sara está decepcionada com o seu passeio em Salvador. Ouça a sua
história. Marque **C** para os fatos corretos e pertinentes à viagem da
Sara e **I** para os incorretos.

1 Perdeu a câmera fotográfica	C	I
2 Bebeu caipirinha sem cachaça.	C	I
3 Recebeu troco errado no restaurante.	C	I
4 Namorou um rapaz honesto e solteiro.	C	I
5 Ficou perdida em Itapuã.	C	I
6 Decidiu ficar para sempre em Salvador	C	I

Exercício 9

Você é atendente do balcão de informações no aeroporto de Salvador. Leia o que aconteceu com a Sara. Dê sugestões para sua próxima viagem.

   Exemplo: Sempre confira o troco!

1 tomar – _____

2 trazer – _____

3 ir – _____

4 chegar – _____

5 estar – _____

6 ser – _____

7 confiar – _____

Exercício 10 (Audio 2.20)

Você não foi o único a dar conselhos para Sara. Mateus também deu algumas sugestões. Ouça a lista atentamente. Em seguida, marque **D** para os conselhos que ele <u>deu</u>, e **ND** para os conselhos que ele <u>não deu</u>.
   Conselhos do Mateus:

1 não jante em restaurantes.   ( )

2 verifique as regras do hotel onde vai se hospedar.   ( )

3 evite pegar taxi.   ( )

4 leve seu namorado   ( )

5 não caminhe sozinha no Pelourinho.   ( )

6 nunca use cartões de crédito.   ( )

Diálogo 2 – Uma passagem de ida e volta (Audio 2.21)

Marcos está no terminal rodoviário de Belo Horizonte para comprar uma passagem de ônibus para Porto Seguro.

MARCOS:	Uma passagem para Porto Seguro, por favor.
ATENDENTE:	Ida e volta, Senhor?
MARCOS:	Sim. Partindo dia 11 de abril e voltando no dia 25.
ATENDENTE:	O Senhor tem preferência de horário?
MARCOS:	De manhã, é possível.
ATENDENTE:	O primeiro ônibus sai às 5:00 da manhã e chega a Porto Seguro às 6:00 da tarde. Pode ser?
MARCOS:	Quando sai o próximo?
ATENDENTE:	Depois desse, só às 11 da noite.
MARCOS:	E para a volta, quais são os horários?
ATENDENTE:	Como será no mesmo dia da semana, os horários serão os mesmos.
MARCOS:	Certo. Eu quero duas para as 5:00 da manhã, por favor. Quanto é?
ATENDENTE:	R$387. Preste atenção, não se atrase! *Não devolvemos o dinheiro*.

Exercício 11

Preencha o quadro com as informações do texto.

Tipo de transporte:	
Destino:	
Horário da viagem:	
Data da ida:	
Data da volta:	
Duração:	
Preço:	

Language point

O uso de POR e PARA

No próximo verão eu vou viajar para Curitiba. Vou ficar lá por 3 semanas. Eu quero ir de carro e passar por São Paulo para visitar uns
amigos. Eu nunca tenho tempo livre para viajar, mas meu colega disse
que pode trabalhar por mim depois da Quarta-feira de Cinzas. Só
tenho um problema, terei que escrever um trabalho para a semana em
que estarei de férias. Por isso, preciso me organizar e não esquecer
de levar os livros.

1 A preposição **POR** pode ser traduzida como *by*, *through/around*,
during, *for*, *to*, *per*.

Passo por aqui todas as tardes.

Caminho pelo parque.

Fico neste hotel por 5 noites.

Trabalho por você.

Faço isso por você.

Fico no Chile por duas semanas.

As malas estão por fazer.

Expressões compostas pela preposição POR: por enquanto, por
agora, por favor, por exemplo, por mim, por causa de (do, da).

Por enquanto, está tudo bem.	*It is all good for now.*
Não preciso comprar estas passagens *por* agora.	*I do not need to buy these tickets for now.*
Por favor, feche a porta.	*Please, close the door.*
Eu me divirto no trem, *por* exemplo.	*I have fun in the train, for example.*
Por mim, tudo bem. Vamos às 7:00 da noite.	*Fine by me. We will go at 7:00 pm.*
Por causa da chuva eles decidiram pegar um taxi.	*Because of the rain, they decide to take a taxi.*
Um calor de louco, *por* isso escolhi cerveja.	*It is so hot. That is why I chose beer.*

Quando a preposição POR for seguida pelos artigos definidos A (S) e O (S), haverá uma contração.

Por exemplo:

> POR + A = PELA – Passo pela Avenida Brasil todos os dias.
> POR + O = PELO – Passei pelo parque.

2 A preposição PARA pode ser traduzida como *for* or *to*, indicando motivo, destino e movimento.

Comprei um presente para você. – *I bought a gift for you.*

O Maranhão é lindo! Decidi! Vou para São Luís. – *Maranhão is beautiful! I've decided! I am going to São Luís.*

Telefono para você. – *I'll call you.*

O cheque é para semana que vem. – *The check is good for next week.*

Viajo para conhecer novas culturas. – *I travel to learn about new cultures.*

Para chegar mais rápido, peça um táxi. – *To arrive faster, get a taxi.*

Para mim, não é preciso gastar tanto. – *To me, it is not necessary to spend so much.*

Geralmente, em Português, usamos verbos na forma infinitiva depois das preposições POR e PARA.

Exercício 12

Complete as orações abaixo com as preposições POR (pelo, pela) ou PARA e suas respectivas expressões.

1 Aproveite _____ fazer as malas.

2 Compre uma bolsa nova _____ mim.

3 Economize _____ poder viajar no Carnaval.

4 Evite falar alto, _____.

5 Leia _____ ficar mais culto.

6 Pague _____ ele, _____. Eu sei que ele anda sem dinheiro.

7 Pegue esse cartão _____ mim, _____ gentileza.

8 Preste atenção, passo às 9 da noite _____ te buscar.

9 Reserve um quarto duplo _____ três (3) noites.

10 Sirva os convidados _____ mim.

11 Tenho medo de altura, _____ _____ não me atrevo a viajar de avião.

12 Vá _____ o Sul se quiser experimentar um bom vinho.

13 Telefone _____ a Jussara.

14 Não fique no ponto do ônibus _____ tanto tempo. Se não tiver ônibus neste horário, peça carona _____ amigo.

15 Passo _____ centro da cidade todas as tardes.

16 Estou exausta, mas _____ _____ terei férias em breve.

Exercício 13

Antes de ler.

A. Responda às perguntas.

Você anda de bicicleta? Considera a bicicleta um meio de transporte seguro?

Há ciclovias na cidade onde você vive?

B. Leia o texto.

Embora todo mundo seja a favor das bicicletas, poucos são os que de fato pedalam. Por que será?

Ser contra o uso de bicicletas nas grandes cidades é quase como ser contra o saneamento básico, a liberdade de expressão ou o direito de ir e vir: humanamente inconcebível e socialmente abominável. O aumento dos congestionamentos e a constante piora da qualidade do ar posicionaram as bicicletas numa espécie de olimpo metropolitano, onde também estão as árvores centenárias, as lixeiras e os banheiros públicos e os cidadãos capazes de dar passagem.

No mundo todo, as ciclovias tornaram-se sinônimo de civilidade e um símbolo da esperança de que a vida urbana pode ser mais simples e prazerosa. São Paulo, a maior cidade brasileira, está implantando uma extensa rede de faixas exclusivas para ciclistas. Até 2015, estão prometidos 400 quilômetros, dos quais já foram entregues mais de 80 quilômetros. Boa parte dessas ciclovias apresenta trechos de circulação na contramão dos carros, invade espaços de pedestres ou é cheia de obstáculos como árvores, buracos e desníveis na pista. Há locais em que elas ligam nada a lugar nenhum, e moradores reclamam de não terem sido consultados sobre as mudanças.

Prefeitos do mundo todo já se debruçaram sobre a dificuldade de estabelecer uma convivência harmônica entre os caminham, os que pedalam, os que dirigem e os que usam transporte público. Com ou sem sucesso, muitos recorreram à implantação de ciclovias como parte da solução. O que ficou demonstrado é que a empatia geral pelas bicicletas não se converte instantaneamente em adesão ao transporte sobre duas rodas. Em outras palavras, embora todo mundo ache uma boa ideia, poucos são os que de fato pedalam.

Adapted from: http://veja.abril.com.br/blog/cidades-sem-fronteiras/2014/10/06/ciclovias/

C. Consulte o texto para responder às perguntas abaixo.

1   O que as ciclovias representam para o mundo moderno?
2   Como são as ciclovias implantadas em São Paulo?
3   Quais são as dificuldades para se implantar ciclovias?
4   Você é morador (moradora) da cidade de São Paulo. Que conselhos você daria para as pessoas que pretendem morar lá? O que você diria para os ciclistas que querem usar a bicicleta como meio de transporte em sua cidade? Escreva uma pequena carta falando sobre o transporte coletivo de Sampa, e dando sugestões para as pessoas que querem viver e pedalar pela cidade. Descreva brevemente a situação do transporte coletivo no Brasil e em São Paulo. Fale sobre o uso diário de transportes e os gastos que a população tem com transportes diariamente.

Como os brasileiros se deslocam?
    Há cerca de 148 mil deslocamentos das áreas urbanas do Brasil. O gráfico abaixo demonstra os tipos de transportes mais usados para as pessoas se deslocarem.

Tipos de Transporte dos brasileiros

5%   5%

45%

35%

5%   5%

- Bicicleta
- À pé
- Ônibus
- Trem
- Moto
- Carro

Modalidades de Transporte em São Paulo

2%

2%

6%

7%

10%

11%

21%

41%

- À pé
- Ônibus
- Carro
- Metrô
- Lotação
- Trem
- Moto
- Bicicleta

São Paulo, 13 de janeiro de 2015

Futuros vizinhos:

Unit Ten

A gente se vê mais tarde?

At the end of this unit, you will be able to:

- talk about events and invitations
- use small talk to extend, accept and refuse invitations
- express past experiences and future plans
- use the future subjunctive
- compare and contrast the future indicative and future sub-junctive

Diálogo 1: Sempre atrasada
(Audio 2.22)

Mônica e Flávia marcaram um cineminha (um encontro no cinema).

Na entrada do cinema

MÔNICA: Poxa, faz 45 minutos que estou te esperando.
FLÁVIA: Desculpa! O trânsito estava horrível!
MÔNICA: Quando for assim, ligue e avise. Eu poderia ter comprado os ingressos.

Na bilheteria – Mônica tenta comprar as entradas.

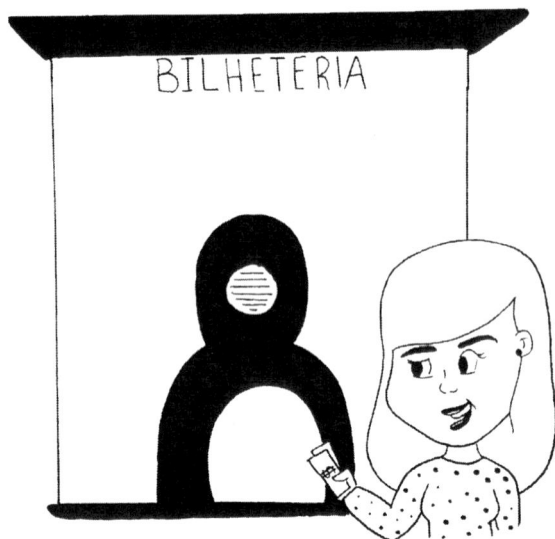

MÔNICA: Duas entradas para a sessão das 6:00, por favor.
ATENDENTE: Está esgotado.
MÔNICA: Obrigada.

De volta à entrada do cinema

FLÁVIA Vamos?
MÔNICA: Vamos aonde?
FLÁVIA: Assistir ao filme!
MÔNICA: Os ingressos acabaram.
FLÁVIA: Não acredito! Quando eu quiser ver um filme, venho sozinha! Você não aprende, está sempre atrasada!

Exercício 1

Releia o diálogo 1 "Sempre atrasada" Marque **C** para as informações corretas e **I** para as incorretas.

1 A Mônica esperou a Flávia por mais de uma hora.	C	I
2 Flávia se atrasou porque perdeu o ônibus.	C	I
3 Elas queriam ver o filme à noite.	C	I
4 A Mônica não se irritou com a Flávia.	C	I
5 Mônica decidiu ir ao cinema sozinha.	C	I

Exercício 2

Responda às perguntas.

1 Para que a Flávia e a Mônica se encontraram?

2 O que aconteceu depois que a Flávia chegou?

3 O que a Mônica pediu para a Flávia?

4 Qual foi a solução encontrada por Mônica?

5 Você já viveu uma situação parecida à destas personagens?

6 Em seu país, situações como estas são socialmente aceitas?

Culturalmente falando

Chegar atrasado a um evento é, na maioria das vezes, socialmente aceito no Brasil.

As pessoas geralmente não se sentem culpadas quando marcam um compromisso de lazer e/ou trabalho e se atrasam. As desculpas mais comuns são: o alarme (despertador quebrou) não funcionou, o trânsito estava horrível, fiquei preso no engarrafamento, o ônibus demorou, perdi o trem.

Não se irrite se tiver que esperar uns minutos para o começo de um concerto ou para servirem o jantar!

A
CB

Vocabulário e expressões

acompanhar – *keep company, accompany*
bilhete – *a note, an old fashion way of saying "ticket for a venue"*
cancelar – *to cancel*
convidar – *to invite*
convite – *an invitation*
esgotar – *to be out of order – to end, to be finished*
esperar – *to wait*
evento – *event*
festivais – *fairs, festivals*
grosseria – *rude*

ingressos – *tickets for games, movies, plays and concerts*
presença – *presence*
topar – *to accept an invitation/to agree on doing something or going somewhere*
Como assim? – *What do you mean? / How so?* Estou brincando! – *I am joking*
Os (ingressos) estão esgotados! – *We are out! – We don't have (tickets) available anymore!*
Que exagero! – *It's outrageous!*

Exercício 3 (Audio 2.23)

Leia e organize o diálogo enumerando-o numa ordem lógica. Em seguida, ouça-o para conferir sua ordem.

1   (   ) **Leonardo:** Como assim?

2   (   ) **Leonardo:** Ah tá! Ligue mais tarde para combinar.

3   (   ) **Flávia:** Verdade! Quero! Mas eu só vou se você for comigo. Não gosto de sair sozinha.

4   (   ) **Flávia:** Podemos, se eu não tiver nada melhor para fazer.

5   (   ) **Leonardo:** Não tenho tempo hoje. Podemos ir amanhã?

6   (   ) **Flávia:** Quando eu ligar, por favor atenda.

7   (1) **Leonardo:** Você disse que queria sair hoje.

8   (   ) **Flávia:** Estou brincando!

Exercício 4

De acordo com o diálogo, quais são as informações corretas? Marque C paras as orações corretas e corrija as incorretas.

1   (   ) A Flávia pediu para o Leonardo atender o telefone.

2   (   ) O Leonardo não pode ir com a Flávia porque já tem outro compromisso.

3   (   ) A Flávia não vai sair porque não tem tempo.

4   (   ) A Flávia prefere sair sozinha.

5   (   ) O Leonardo propôs sair com a Flávia no dia seguinte.

6   (   ) A Flávia não gosta de sair sozinha.

Exercício 5

Os verbos sublinhados no diálogo do exercício 2 indicam:

1 (   ) sugestões   2 (   ) certezas   3 (   ) hipóteses

Exercício 6

Relacione os verbos a seguir a sua forma infinitiva:

1 FOR	( ) LIGAR
2 TIVER	( ) SER/IR
3 LIGAR	( ) TER

Language point

Os verbos FOR, LIGAR e TIVER estão conjugados no FUTURO DO SUBJUNTIVO.

Na Unidade 9 você aprendeu o modo verbal que usamos para dar sugestões e ordens, o imperativo. Nesta unidade, você vai aprender, o **SUBJUNTIVO**, o modo verbal utilizado para expressar hipóteses, emoções e desejos. Começaremos pelo futuro, que é o tempo do subjuntivo usado amplamente no português brasileiro, tanto em contexto formal quanto informal. O futuro do subjuntivo serve para indicar a hipótese, o desejo, ou a intenção de se realizar algo no futuro.

Para se conjugar um verbo no FUTURO DO SUBJUNTIVO basta conjugá-lo na terceira (3ª) pessoa plural do pretérito perfeito do indicativo e apagar a desinência verbal. Observe:

IR/SER – Eles **foram** (3ª pessoa plural do pretérito perfeito do indicativo)

Conjugação – futuro do subjuntivo
FOR~~AM~~

eu	FOR
tu	FORes
ele/ela/você/a gente	FOR
eles/elas/vocês	FORem
nós	FORmos

Este tempo verbal é comumente encontrado em orações compostas subordinadas, ou seja, duas orações dependentes. Observe:

A	B
1 <u>Eu vou ao cinema</u> /	<u>porque você vai comigo</u>.
A	B
2 <u>Eu vou ao cinema</u> /	<u>[se] você for comigo</u>.

Enquanto na oração 1 temos duas ideias coordenadas e independentes que descrevem os fatos, na oração 2 ir ao cinema está condicionado a uma ação do interlocutor, as duas orações são subordinadas e dependentes. A presença de não-afirmação, desejo e hipótese faz com que usemos verbo "ir" no futuro do subjuntivo.

Exercício 7

Leia os verbos listados abaixo. Relacione cada verbo na coluna A, ao seu tempo verbal da coluna B. Dê o infinitivo dos verbos e, em seguida, conjugue-os na 3ª pessoa do plural do pretérito perfeito.

A	B
(1) queria – querer – *quiseram*	1 Pretérito imperfeito
( ) estou –	2 imperativo
( ) ligue –	3 presente simples do indicativo
( ) combinar –	4 pretérito perfeito
( ) vou –	5 futuro do indicativo
( ) gosto –	6 gerúndio
( ) sairei –	7 infinitivo
( ) tenho –	
( ) podemos –	
( ) atenda –	
( ) disse –	
( ) brincando –	

Exercício 8

Seus planos para o futuro! Escreva orações com as expressões e os verbos em parênteses da coluna **A**, para completar as ideias da coluna **B**. Em seguida, conecte as orações das duas colunas logicamente.

> **EXEMPLO:** Praia amanhã (viajar)
>
> **A.** Se eu <u>viajar</u> para a praia amanhã...   (**A**) me <u>encontrarei</u> com as minhas amigas.

■ Coluna A

1   No fim de semana que vem (ter dinheiro)

Se _____

2   Em 20 anos ele (ficar rico)

Se _____

3   Quando (ver aquele filme)

Quando _____

4   Em 2016 (formar-se)

Se _____

5   No próximo verão eles (estar)

Se _____

6   Nos Jogos Olímpicos do Rio 2016 (ir)

Se _____

Para escutar:
Dia Branco (Geraldo Azevedo)

■ **Coluna B**

( ) aprenderemos mais sobre a cultura indiana.

( ) assistirei a todos os jogos de vôlei de praia.

( ) comprará uma casa na praia.

( ) conseguirei um emprego melhor.

( ) viajarão para a Islândia.

( ) verei o show (concerto) da Madonna.

Exercício 9

Utilize os verbos em parênteses para completar as orações abaixo. Use o FUTURO DO SUBJUNTIVO.

1 Quando eles (começar) _____ a participar dos campeonatos de judô, ganharão medalhas.

2 Quando o treinador (ligar) _____, atenderei o telefone rapidamente.

3 Se eu (gostar) _____dele, sairemos outra vez.

4 Quando ela te (dar) _____uma resposta, marcarei o dia e a hora comigo.

5 Vocês chegarão cedo se não (ter) _____ compromisso antes do jogo.

6 Será mais respeitada, quando (dizer) _____ a verdade!

Diálogo 2: Agenda lotada (Áudio 2.24)

Leia e ouça o diálogo. Em seguida, sublinhe os verbos conjugados no FUTURO DO SUBJUNTIVO.

ROBERTO:	Recebi dois convites para a formatura da Érica. Se você quiser pode vir comigo.
CARLOS:	Quando vai ser?
ROBERTO:	17 de dezembro, às 10:00 – no Iate Clube da Pampulha. Topa?
CARLOS:	Não sei. Dezembro é um mês cheio de festas, viagens e festivais. Se puder cancelar minha viagem, eu te acompanho.
ROBERTO:	Não posso esperar para sempre. Será uma grosseria se não confirmar presença pelo menos 3 semanas antes do evento.
CARLOS:	Que exagero!

Exercício 10

Complete as orações logicamente. Use os verbos sugeridos no futuro do subjuntivo ou do indicativo:

> IR – SER – ESTAR – TRAZER – LEVAR – FICAR – ACEITAR – PODER – QUERER

1 O Roberto vai fazer uma festa na Pampulha **se** _____
2 O Carlos irá à festa **se** _____
3 A Érica vai ficar alegre **se** _____
4 **Se** o Roberto não confirmar presença _____
5 O Roberto e o Carlos não vão aceitar o convite **se** _____
6 A Érica ficará decepcionada **se** o Roberto e o Carlos _____

Exercício 11

Complete a história abaixo com os verbos PODER, CONSEGUIR e IR.

A formatura do Pedro é amanhã. O seu amigo Leandro tem que tra-balhar e a sua namorada Vanessa está viajando. Pedro está muito triste. Vanessa disse que se (a) _____ antecipar o seu retorno, vai aparecer na formatura. Já Leonardo acha que se não (b) _____ trabalhar pode ter problemas com seu chefe no futuro. Se o pai do Pedro não (c) _____ um dia de folga. Ele também não vai participar da formatura do seu filho. Tenho certeza que se a mãe e o pai do Pedro não (d) _____ ir, Pedro vai ficar muito decepcionado!

Exercício 12

Corrija as orações abaixo.

1   Se Carlos queira ir uma festa na praia, irei com ele.

_____

2   Quando a Sônia venha mais cedo para casa, jantarei com ela.

_____

3   Se Ana Paula quis uma festa de casamento enorme, terá que jun-tar dinheiro.

_____

4   Se Julieta esteja organizando o chá de bebê, a Carmem não precisa se preocupar.

_____

5   Quando o Henrique peça a mão da Francesca em casamento, ela ficará feliz.

_____

6   Se a Alisson e a Lisa estejam esperando um bebê, seus pais ficarão felizes.

_____.

Exercício 13

Se eu for ... Observe as fotos e complete os diálogos com condições, ideias, desejos e hipóteses no FUTURO DO SUBJUNTIVO.

■ A:

ALEX:	Que tal um cineminha amanhã?
SANDRA:	_____.
ALEX:	Eu não gosto de filmes românticos.
SANDRA:	Ficção científica, você gosta?

■ B:

CARLOS: Na próxima semana quero ver a orquestra da USP.
MÁRCIA: Você gosta de orquestra? Eu acho super chato!
CARLOS: Você já foi?
MÁRCIA: Nunca!
CARLOS: _____.
MÁRCIA: _____.

■ C:

LUCAS: _____.
MARCOS: Eu fiz um safari incrível pelo Kênia. _____.
LUCAS: Vou te ligar para pegar todas as dicas.
MARCOS: _____.

Exercício 14 (Audio 2.25)

Leiae circule os erros do diálogo. E, em seguida corrija-o. **Há pelo menos um erro em cada fala.**

ZÉ:	Você comprei os ingressos para os jogos olímpicos no Rio em 2016?
PEDRO:	Os ingressos ainda não são à venda!
ZÉ:	Claro que estão! Eu não conheço quais são os preços ainda.
PEDRO:	Mas mesmo assim já decide ir?
ZÉ:	Claro! Não perder os jogos de vôlei de praia.
PEDRO:	Quando você sabe os preços dos ingressos, por favor, me avise.
ZÉ:	Quer dizer que você foi comigo?
PEDRO:	Se eu tive dinheiro, irei.

Exercício 15 (Audio 2.26)

Ingressos para os Jogos Rio 2016. Você vai ouvir um anúncio sobre a venda de ingressos para os jogos olímpicos. Marque **C** para as informações *corretas* e **I** para as *incorretas*.

1 Os jogos olímpicos do Rio 2016 são os primeiros da América do Sul. **C   I**

2 Para receber informações sobre a compra dos ingressos você precisa pagar uma taxa. **C   I**

3 Não haverá sorteio para a venda de ingressos. **C   I**

4 Ao enviar os seus dados, ficará atualizado sobre o evento. **C   I**

5 Se você se cadastrar, receberá notícias sobre as competições. **C   I**

Unit Eleven
Agenda cultural

At the end of this unit, you will be able to:

- discuss sports and leisure activities
- talk about the climate and the weather
- use the present subjunctive
- state possibilities and probabilities for leisure

Culturalmente falando

O clima no Brasil

Você já visitou o Brasil durante o inverno? Saberia descrever o verão brasileiro?

Em sua opinião, quais são as principais características das quatro estações do ano no Brasil?

Primavera

Outono

Verão	Inverno

🎧 Leia o texto. (Audio 2.27)

A tia Zelda está descrevendo suas férias.

Para mim, 2013 foi ano de uma estação: o inverno. Durante o verão brasileiro, passei as férias na gélida Suécia. E no verão norte-americano fui para Porto Alegre, ao extremo sul do Brasil. Lá usei muitos agasalhos e tomei muito chimarrão. *Talvez* no próximo ano *eu planeje* melhor as minhas férias e folgas. *Espero que* meus amigos também *consigam* se organizar para aproveitarmos juntos o que cada país tem de melhor, em cada estação do ano.

Exercício 1

A. **Certo ou errado?** Marque **C** para as informações certas e **I** para as incorretas.

A tia Zelda ...

1 passou o verão nos Estados Unidos.	**C**	**I**
2 passou as férias na Suíça com seus amigos.	**C**	**I**
3 não pôde aproveitar o verão, a primavera e o outono.	**C**	**I**
4 viajou para o sul do Brasil durante o inverno.	**C**	**I**
5 não bebeu chimarrão nem se agasalhou.	**C**	**I**

B. Ouça a história da Tia Zelda e confira suas respostas.

Exercício 2

Complete a história da Zelda com os verbos abaixo no *presente do indicativo.*

FAZER – OBSERVAR – PODER – SER – QUERER – TER

Tia Zelda ————————————————.

Tia Zelda e seus amigos ————————————.

A Zelda ———————————————————.

A tia Zelda ————————————————.

Language point

O PRESENTE DO SUBJUNTIVO é o tempo da não-afirmação usado para falar de hipóteses, emoções, expressar incertezas, desejos e esperança. A conjugação verbal do presente do subjuntivo é a mesma do imperativo que foi apresentada na Unidade 9. Geralmente, a estrutura do subjuntivo requer uma oração composta por duas cláusulas dependentes. Observe os exemplos a seguir:

1   Meus amigos e eu *tiramos* férias juntos. **(certeza, fato)**
2   <u>Espero que</u> meus amigos e eu *tiremos* férias juntos. **(incerteza, esperança)**

Enquanto o exemplo (1) descreve uma ação, um fato que acontece habitualmente, ou está acontecendo no momento presente, na oração (2) o falante deseja realizar algo que não sabemos se vai ou não se concretizar, por isso o uso do subjuntivo.

> **Para escutar:**
> Sua (Marisa Monte)
> Oh, Chuva (Falamansa)

Expressões que geralmente desencadeiam o uso do subjuntivo:

Talvez

Expressões impessoais: É importante que, É bom que, É necessário que

Não acho que (A expressão **acho que** não desencadeia o uso do subjuntivo)

Espero que/Tomara que/Duvido que/Quero que/Acredito que

Conjugação verbal: Presente do Subjuntivo

OS VERBOS REGULARES são conjugados das seguintes formas:

	danç**AR**	beb**ER**	part**IR**
eu/você/ele/ela a gente	danc**e**	beb**a**	part**a**
vocês/eles/elas	danc**em**	beb**am**	part**am**
nós	danc**emos**	beb**amos**	part**amos**

Alguns VERBOS IRREGULARES:

	eu/ele/ela/ você/a gente	*eles/elas/vocês*	*nós*
DAR	dê	deem	demos
ESTAR	esteja	estejam	estejamos

FAZER	faça	façam	façamos
IR	vá	vão	vamos
PODER	possa	possam	possamos
SER	seja	sejam	sejamos
TER	tenha	tenham	tenhamos
TRAZER	traga	tragam	tragamos
PÔR	ponha	ponham	ponhamos

Exercício 3

Complete a história da Tia Zelda com os verbos no presente do subjuntivo.

Espero que a Tia Zelda não (ter)

_____.

Tomara que em 2016 a Tia Zelda e seus amigos (poder)

_____.

É importante que a Zelda (fazer)

_____.

Talvez a tia Zelda e os seus amigos (querer)

_____.

Language point

Descrevendo o tempo

Lindo dia hoje, né?/Que dia lindo, huh? – *Nice day today, huh?*

Que tempo maravilhoso! – *What wonderful* weather!

O tempo (o dia/a noite) está horrível! – *What horrible weather!*

Como está o tempo? – *How' is the weather?*

Qual é a temperatura de hoje? – *What is the temperature today?*

Qual é a previsão do tempo? – *What' is the weather forecast?*

Faz muito frio em julho! – *It is generally cold in July!*

Em janeiro *faz* muito calor no Rio! – *In January is usually very hot in Rio!*

No Nordeste *faz* muito calor o ano todo! – *In the Northeast of Brazil, it is very hot all year around!*

Atenção!

O verbo *fazer* é usado no presente do indicativo para descrever a temperatura.

Exemplo:

No Norte **faz** muito calor o ano todo!

Porém, nunca usamos o verbo fazer para descrever o tempo chuvoso.

No Norte **chove** muito todos os dias! (Ou)

No Norte **está** sempre **chovendo**!

A͜CB Vocabulário para descrever o tempo

abafado – *stuffy*	fresco – *cool*
bom – *good*	frio – *cold*
com neblina – *foggy*	nublado – *cloudy*
com tempestade – *stormy*	quente – *hot*
com trovão e raio – *with thunder and lightning*	ruim – *bad*
com vento – *windy*	seco – *dry*
ensolarado – *sunny*	úmido – *humid*

Culturalmente falando

Leia o texto a seguir.

O clima no Brasil

Somente cerca de 7% do território brasileiro está localizado no Hemisfério Norte, com exceção da região sul, o território brasileiro está na zona intertropical do planeta. O Brasil é um país enorme, possui 8 514 876 km², e por causa desta imensidão, diversos tipos de climas são identificados: equatorial, tropical, tropical de altitude, tropical úmido, semiárido e subtropical. Na Região Norte e em parte do Mato Grosso e Maranhão podemos identificar o **clima equatorial**. Nesta região experimentamos elevadas temperaturas, variando entre 24°C e 26°C ao ano, grande umidade, baixa amplitude térmica, e a quantidade de chuvas é abundante. A floresta Amazônica sofre influência desse clima. O **clima tropical** predomina nos estados do Centro-Oeste, incluindo ainda partes do Maranhão, Piauí, Ceará, Bahia e Minas Gerais, no sudeste. Em geral, as temperaturas são elevadas em boa parte do ano, com média de 24°C, e com duas estações bem definidas: uma seca (maio a setembro) e outra chuvosa (outubro a abril). O **clima tropical de altitude** apresenta-se em regiões serranas e de planaltos, especialmente na região Sudeste, Rio de Janeiro, São Paulo, Espírito Santo e Minas Gerais. Nesses locais há baixa amplitude térmica, a temperatura média oscila entre 17°C e 22°C. O **clima tropical úmido** ocorre, principalmente, no litoral oriental e no sul do Brasil, sendo caracterizado pela alta temperatura e o elevado teor de umidade. As temperaturas médias anuais giram em torno de 25°C. O **clima subtropical** ocorre unicamente na região Sul, essa característica climática distingue-se totalmente do restante do Brasil. As médias anuais de temperatura giram em torno de 18°C e as chuvas são bem distribuídas. No interior da região Nordeste o **clima semiárido** é típico, há escassez de chuva e consequentemente seca. Esta região apresenta temperaturas elevadas o ano todo, a média anual varia entre 32°C e 40°C. Com tanta diversidade climática fica difícil chamar o Brasil de país tropical apenas!

Adapted from: http://www.brasilescola.com/brasil/clima-brasileiro.htm

The weather in Brazil

Only about 7% of Brazilian territory is located in the Northern Hemisphere, except for the southern region, Brazil is in the inter-tropical zone of the planet. Brazil is a huge country, having 8,514,876 square kilometers of territory, and because of this enormity, several types of climates are identified: equatorial, tropical, high altitude tropical, humid tropical, semi-arid and subtropical. In the North Region and part of Mato Grosso and Maranhão, we can identify the equatorial climate. In this region, one experiences high temperatures, ranging from 24°C to 26°C yearly, high humidity, a low temperature range, and the amount of rainfall is abundant. The Amazon forest is influenced by this climate. The tropical climate prevails in the states of the Midwest, also including parts of Maranhão, Piauí, Ceará, and Bahia, as well as Minas Gerais in the southeast. In general, temperatures are high most of the year, with an average of 24°C, and with two well marked seasons: a dry season (May to September) and a rainy season (October to April). The high altitude tropical climate is present in mountainous and highland regions, especially in the southeast, Rio de Janeiro, São Paulo, Espírito Santo, and Minas Gerais. In these locations there is a low temperature range, the average temperature is between 17°C and 22°C. The humid tropical climate occurs mainly on the eastern coast and in southern Brazil; it is characterized by high temperature and high moisture content. The annual average temperatures are around 25°C. The subtropical climate occurs only in the south; this climate type completely distinguishes itself from the rest of Brazil. The annual temperature averages are around 18°C and rainfall is well distributed. The semi-arid climate is typical of the northeast hinterlands and there is a shortage of rain to the point that there is severe drought. This region has high temperatures all year round, the annual average varies between 32°C and 40°C. With so much climate diversity, it is difficult to call Brazil a tropical country only!

Adapted from: http://www.brasilescola.com/brasil/clima-brasileiro.htm

Exercício 4

Organize as palavras abaixo em orações completas.

1   um/sul/subtropical/clima/país/apresenta/o/Brasil/do

_____

2   Centro-Oeste/tropical/região/o/clima/é/especialmente/da/predominante/na

_____

3   a/chuva/de/do/escassez/típico/um/nordeste/problema/é

_____

4   influência/floresta/do/equatorial/a/sofre/Amazônica/clima

_____

> **Para escutar:**
> O ritmo da chuva (Fernanda Takai)

Exercício 5

Observe o mapa do Brasil. De acordo com o texto da página 202, Como é o clima em cada região brasileira?

| 1 O clima no Norte: |
| 2 O clima no Nordeste: |
| 3 O clima no Centro-Oeste: |
| 4 O clima no Sudeste: |
| 5 O clima no Sul: |

Regiões
- Norte
- Nordeste
- Centro-Oeste
- Sudeste
- Sul

Roraima, Amapá, Amazonas, Pará, Maranhão, Ceará, Rio Grande do Norte, Paraíba, Pernambuco, Alagoas, Piauí, Acre, Rondônia, Tocantins, Bahia, Sergipe, Mato Grosso, Distrito Federal, Goiás, Mato Grosso do Sul, Minas Gerais, São Paulo, Espirito Santo, Rio de Janeiro, Paraná, Santa Catarina, Rio Grande do Sul

Exercício 6

Conexão Lógica. Relacione as palavras da coluna **A** (em português) com os seus respectivos significados (em inglês) – coluna **B**.

A	B
1　Está quente.	(　) It's snowing.
2　Está quente e agradável.	(　) It's hot.
3　Está muito quente.	(　) It's cold.
4　Está nevando.	(　) It's very hot.
5　Está frio.	(　) It is freezing
6　Está um gelo.	(　) It's raining.
7　Está chovendo.	(　) It's warm and nice.

Exercício 7 (Audio 2.28)

Ouça previsão do tempo e complete o quadro abaixo.

Saiba previsão do tempo para São Paulo			
Dias da semana Temperatura °C:	*Manhã*	*Tarde*	*Noite*
Segunda-feira 8 de abril Mínima: _____ Máxima: _____	Amanhece _____, e logo fica _____ com possibilidade de _____ fracas.	Ensolarada com _____ de _____ isoladas.	_____ muito, a _____ cai.
Terça-feira 9 de abril Mínima: _____ Máxima: _____	Muito _____ e poucas _____.	Chove muito na capital paulista.	Continua _____ por toda a cidade.
Quarta-feira 10 de abril Mínima: _____ Máxima: _____	Dia claro e _____, mas logo _____, mas não chega a ficar _____.	Muitas nuvens, mas a tarde continua linda em Sampa.	A noite segue com O _____ encoberto e sem possibilidades de _____.

Exercício 8

Complete os diálogos com os verbos no **presente do subjuntivo**.

■ A:

MARIANA: Por que você vai levar esta jaqueta?
CLARICE: Ontem fez muito frio aqui na serra. Você não está levando nenhum agasalho?
MARIANA: Não sinto frio aqui. Só espero que não (chover) _____ porque eu não tenho um guarda-chuva.

■ B:

GUSTAVO: Você vai congelar em Curitiba!
RODRIGO: Como assim?
GUSTAVO: Lá faz muito frio e você está usando bermuda. Enlouqueceu ou se esqueceu das nossas últimas férias no Sul?
RODRIGO: Talvez não (fazer) _____ tanto frio assim. Ouvi dizer que o tempo anda mudado por lá.
GUSTAVO: Espero que você (estar) _____ certo e que nós (ter) _____ sorte desta vez!

■ C:

MÁRCIA: Você viu a previsão do tempo?
FLÁVIA: Não tenho este hábito. Por que?
MÁRCIA: Flávia, estamos em Manaus e parece que você se vestiu para passear na Patagônia.
Tomara que esse frio que você está esperando nunca (chegar) _____!

Exercício 9

Relacione a coluna A (descrição do clima) com a coluna B (sugestões para lidar com o tempo).

Coluna A	Coluna B
1 Está ventando muito.	( ) Espero que a temperatura caia.
2 Está sempre muito nublado.	( ) Tomara que ele tenha botas apropriadas.
3 Esta cidade está um forno!	( ) Espero que eu possa comprar um aquecedor.
4 Está muito frio.	( ) Duvido que pare de chover.
5 Meu pai disse que está nevando.	( ) É importante que use agasalhos.
6 Esta casa está um gelo.	( ) Espero que as plantas não quebrem.
7 Tempestade todos os dias.	( ) Fique otimista! Talvez o sol brilhe mais tarde.

Exercício 10

Que equipamentos precisamos para praticar cada esporte? Relacione os esportes da coluna A aos equipamentos da coluna B

A	B
Esportes	Equipamentos
1 Futebol	( ) óculos e touca/piscina
2 Vôlei	( ) bola/cesta
3 Natação	( ) bola/rede
4 Tênis	( ) rede/quadra
5 Basquete	( ) traves/chuteiras

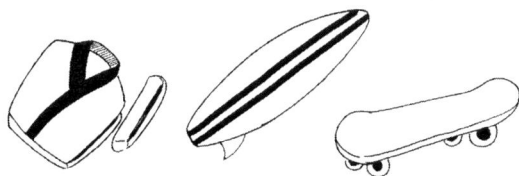

Exercício 11

Planejando minhas férias antes e durante os Jogos Olímpicos em 2016. Responda às perguntas.

1   Em que estação do ano os Jogos Olímpicos vão acontecer?
2   Em sua opinião, como estará o clima no Rio de Janeiro durante os jogos olímpicos?
3   Para quais esportes este clima é mais propício?

Culturalmente falando

Capoeira

Em termos de esportes, a Capoeira é o que há de mais brasileiro, trata-se de uma luta criada por escravos africanos. Ainda hoje muitos historiadores debatem sobre a origem desta arte. A Capoeira nada mais é que um diálogo de corpos, ou seja, na roda de capoeira, o jogo é, verdadeiramente, uma conversa, um balé dos corpos que dá ao som do berimbau. Além do berimbau, instrumentos como o atabaque, reco-reco, pandeiro e agogô também fazem parte da roda. Por ser acompanhada por uma música que impõe ritmo aos movimentos, muitas pessoas a confundem com um jogo ou algum tipo de dança. E é a única modalidade de luta marcial que se faz acompanhada por instrumentos musicais. No exterior a capoeira é conhecida como "brazilian martial art".

O termo capoeira significa "o mato que nasce depois do desmatamento", provavelmente porque era praticada entre esses matos, com os lutadores próximos ao chão, para não serem descobertos pelos seus senhores. É importante notar que nessa época a capoeira era uma prática proibida, pois com os escravos treinando sua forma de defesa pessoal, poderiam trazer problemas para aqueles que se consideravam seus "donos". No entanto, ainda que proibida, a capoeira nunca deixou de ser praticada e ensinada. Hoje em dia, a Capoeira é um dos esportes mais praticados no Brasil e representa a cultura brasileira em vários cantos do mundo.

Adapted from: http://www.meschung.com/instrumentos.html

Para mais informações sobre a capoeira, visite:

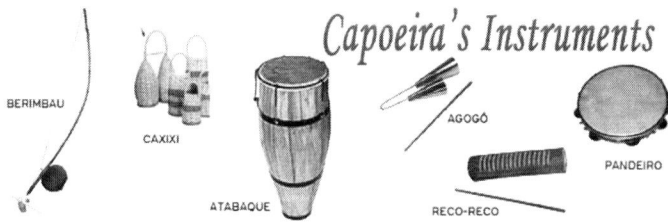

Capoeira's Instruments

BERIMBAU
CAXIXI
ATABAQUE
AGOGÔ
RECO-RECO
PANDEIRO

http://theculturetrip.com/south-america/brazil/articles/disguised-in-dance-the-secret-history-of-capoeira/
http://capoeiraabolicao.com/origins-and-history-of-capoeira/
http://www.historyoffighting.com/the-roots-of-the-capoeira-fighter.php

> **Para escutar:**
> Paranaue (Grupo Capoeira Angola)

Capoeira

When it comes to sports, Capoeira is the most Brazilian thing there is – it is a fight that was created by African slaves. Even today, many historians debate about the origin of this art. Capoeira is nothing but a dialogue of bodies, that is, in the "roda de capoeira" (capoeira circle), the "jogo" (game) is, in reality, a conversation, a ballet of bodies that happens to the sound of the "berimbau". In addition to the berimbau, instruments like the atabaque (conga), reco-reco, pandeiro (tambourine) and agogô are also part of the "roda". Since it is accompanied by music that imposes rhythm to the movements, many people confuse Capoeira with a game or some kind of dance. Indeed, it is the only type of martial art that is accompanied by musical instruments. Outside Brazil, Capoeira is known as the "Brazilian martial art".

The term Capoeira means "the bush that grows after some sort of deforestation", probably because it was practiced among these bushes, with fighters close to the ground to avoid detection by their slave masters. It is important to note that, during the slavery time, the practice of Capoeira was a prohibited because it provided the slaves with a way to continue their self-defense training and could cause problems for the slave masters who owned them. However,

even though it was prohibited, Capoeira never ceased to be practiced and taught. Nowadays, Capoeira is one of the most practiced
sports in Brazil and it represents Brazilian culture in many parts of
the world.

Exercício 12

Responda às perguntas.

1   Qual é o significado da palavra Capoeira?
2   O que faz da Capoeira uma modalidade única de "arte marcial"?
3   Por que a Capoeira foi proibida?
4   Qual são os instrumentos musicais utilizados na Capoeira?

Unit Twelve
Vamos às compras!

At the end of this unit, you will be able to:

- talk about shopping for clothing, shoes and accessories
- ask questions about types of clothing, sizes, materials, and quantities
- use the conditional in formal and informal settings
- understand and use direct object pronouns
- talk about selection, requests, and forms of payment

Diálogo 1: O extravio (Audio 2.29)

Giovana e Carolina acabaram de chegar à São Paulo. Giovana procura a sua mala no aeroporto de Guarulhos.

GIOVANA: Tem certeza que você colocou etiqueta na mala azul?

CAROLINA: Coloquei em todas as malas! Como poderia me esquecer?

GIOVANA: Não sei! O que sei agora é que se esta mala estiver mesmo perdida teremos que *ir às compras*! Todas as minhas roupas favoritas estão dentro dela.

CAROLINA: Ir às compras é comigo mesmo!

GIOVANA: E pagar as contas é com você também? Porque *se derem um sumiço* na minha mala a culpa é sua! Só sua!

CAROLINA: Minha? Minha não! A culpa é da companhia aérea!

Vocabulário e expressões

anexar – *to attach*

balcão de informações – *information desk*

companhia aérea – *airline company*

dar sumiço em [extraviar/ser extraviado] – *to get lost, to be misplaced*

é comigo mesmo! – *I like it!* (this expression is used to talk about thinks you like to do, eat, see, etc.)

entrar em contato – *to contact someone*

etiqueta – *tag*

extraviar – *to get lost or misplace something*

formulário – *form*

ir às compras – *to go shopping*

listar – *list*

mala – *suitcase, luggage*

pagar as contas – *to pay the bills*

perder – *to lose, to miss*

preencher – *to fill up*

recibo – *receipt*

reembolsar – *to reimburse*

tem certeza? – *are you sure?*

Exercício 1

Complete as orações com as informações abaixo.

> roupas – mala – às compras – é comigo mesmo –
> etiqueta – aeroporto

1 A Giovana acha que perdeu sua _____.
2 A Giovana ficará nervosa se souber que a Carolina não colocou a _____ na mala azul.
3 A Giovana e a Carolina estão no _____.
4 As _____ favoritas da Giovana estavam na mala.
5 A Giovana sugere ir _____.
6 Fazer compras _____!

Diálogo 2 – No balcão de informações da companhia aérea (Audio 2.30)

ATENDENTE:	Bom dia, senhora. Como posso ajudar?
GIOVANA:	Bom dia. Minha mala extraviou.
ATENDENTE:	Em que voo a senhora veio?
GIOVANA:	No 435, direto de Madri.
ATENDENTE:	Um minuto, por favor. Poderia preencher este formulário de bagagem extraviada? Liste todos os itens que você tem em sua mala. Vamos procurar sua bagagem e ao encontrarmos, ligaremos e entregaremos sua mala no hotel.
GIOVANA:	Ficarei nua enquanto espero minha mala?
ATENDENTE:	A senhora pode fazer uma compra de até U$150 (cento e cinquenta dólares). A companhia aérea reembolsa este valor. Anexe o recibo da compra e preencha este formulário. Envie para este endereço. Assim que recebermos, enviaremos o cheque.
GIOVANA:	Muito obrigada.

Exercício 2

De acordo com o diálogo 2, quais informações estão corretas (**C**) e quais estão incorretas (**I**)?

1 Giovana viajou sozinha de Madrid à São Paulo.   **C   I**
2 Giovana foi ao balcão de informações para buscar o seu reembolso.   **C   I**
3 A mala da Giovana extraviou.   **C   I**
4 Para solicitar o reembolso Giovana precisou preencher um formulário. **C   I**
5 A companhia aérea prometeu procurar a mala e entregá-la no hotel.   **C   I**

Exercício 3

Releia as orações abaixo, circule os verbos (coluna B) e classifique-os em:

A	B
(P) presente	( ) A senhora veio em que voo?
(PP) pretérito perfeito	( ) Liste todos os itens que você tinha em sua mala.
(PII) pretérito imperfeito do indicativo	( ) Envie para nós neste endereço.
(I) imperative	( ) Assim que recebermos, enviaremos o cheque.
(FS) futuro do subjuntivo	( ) A minha mala extraviou.
(FI) futuro do indicativo.	( ) Procuramos sua bagagem.
(C) condicional	( ) Poderia preencher este formulário?

Language point

A Senhora **poderia** preencher este formulário?

O tempo **CONDICIONAL** é usado para expressar possibilidades de ações futuras condicionadas a outras ações, e ou a boa vontade do interlocutor.

Como no futuro do indicativo, há apenas 3 verbos irregulares no CONDICIONAL: trazer (traria), fazer (faria), dizer (diria). Todos os outros verbos são regulares e formados pela adição do sufixo – IA à forma infinitiva do verbo.

Exemplos:
GOSTAR = gostaria; COMER = comeria; ASSISTIR = assistiria
A atendente disse que <u>entregaria</u> a mala.
Carolina e Giovana <u>iriam</u> às compras.
Giovana disse que <u>queria</u> encontrar sua mala.

eu	gostaria
tu	gostarias
ele/ela/você	gostaria
nós	gostaríamos
a gente	gostaria
eles/elas/vocês	gostariam

Muitas vezes, por razões fonológicas, o verbo <u>querer</u> é usado no pretérito imperfeito (queria) no lugar do condicional (quereria – raramente utilizado).

Todos os verbos conjugados <u>na primeira pessoa do plural (nós) no condicional</u> têm a vogal I acentuada.

Exemplo: poderíamos, iríamos, falaríamos.

Para escutar:
Por você (Barão vermelho)

Exercício 4

O que aconteceria? Complete as orações com os verbos no condicional.

1 Minha amiga perdeu minha mala. Eu (pedir) _____ uma mala nova para ela.
2 Giovana disse que (trazer) _____ poucos acessórios. Ela mentiu, é claro!

3 Carolina falou que (ir) _____ às compras com sua amiga.
4 A atendente perguntou como (poder) _____ ajudar.
5 (Ser) _____ complicado conseguir o reembolso porque a companhia aérea (solicitar) 6 _____ a etiqueta de identificação que a cliente não tinha.
7 Carolina (comprar) _____ outra mala azul para sua amiga.
8 Giovana não (querer) _____ que sua amiga se sentisse culpada.
9 As moças (perder) _____ o próximo voo se elas ficassem muito tempo procurando a mala.
10 Eu prometi que (dizer) _____ somente a verdade!

Exercício 5 (Audio 2.31)

Ouça a mensagem da Giovana. Marque **C** para as informações corretas e **I** para as incorretas. Em seguida, corrija as informações incorretas.

1 Giovana ligou para dar algumas sugestões. C I
2 Compre uma mala mais resistente C I
3 Coloque as coisas líquidas na mala que vai despachar. C I
4 Avise aos seus pais que precisamos de carona para o aeroporto. C I
5 Não se atrase amanhã! C I
6 Tome café da manhã antes de sair. C I
7 Vá a companhia aérea para confirmar o horário do voo. C I
8 Ligue para mim mais tarde. C I

Diálogo 3: Pelo telefone (Audio 2.32)

Ouça o diálogo. Sublinhe os verbos conjugados no futuro e circule os verbos no condicional.

A Giovana e a Carolina estão tentando mudar o horário do próximo voo.

CAROLINA:	Eu gostaria de mudar o horário do meu voo.
AGENTE DE VIAGEM:	A senhora pagaria uma taxa de R$184,00 para fazer qualquer mudança em qualquer voo.
CAROLINA:	Não pagarei nada porque a mudança está sendo solicitada porque vocês perderam a mala da minha amiga.
AGENTE DE VIAGEM:	Não perderíamos a mala se ela estivesse devidamente identificada, Senhora.
CAROLINA:	Que absurdo!
AGENTE DE VIAGEM:	Se quiser fazer a mudança tem que pagar a taxa, senhora.
CAROLINA:	Eu poderia falar com seu supervisor?
AGENTE DE VIAGEM:	Pois não, senhora. Um minuto, por favor.

Exercício 6

Releia o diálogo e complete as orações com o futuro do subjuntivo.

Exemplo:
Carolina <u>gostaria</u> de mudar o horário do seu próximo voo.
Ela <u>ficará</u> muito feliz se <u>puder</u> fazer a mudança sem pagar multas.

1 Carolina <u>pagaria</u> uma taxa de R$184,00 para mudar o horário do seu próximo voo.
2 Os agentes não <u>perderiam</u> a mala se ela estivesse devidamente identificada.
3 A cliente <u>gostaria</u> de falar com o supervisor.
4 A Giovana não <u>faria</u> compras durante a viagem.
5 A atendente <u>seria</u> mais gentil com clientes mais educadas.
6 Ele disse que <u>queria</u> mais um formulário.

As roupas e as cores – lista de objetos perdidos da mala da Giovana (Audio 2.33)

1	camiseta branca
2	blusa verde
3	camisa jeans
4	braceletes
5	óculos de sol ou óculos escuros
6	bermuda
7	Saia de renda
8	shorts jeans
9	vestido alaranjado
10 e 11	biquínis listrados
12	rasteirinha
13	chinelo
14	sandália
15	colar
16	chapéu preto
17	lenço ou cachecol
18	brincos

Exercício 7

O que falta na lista? Complete a lista de compras abaixo com os nomes dos objetos.

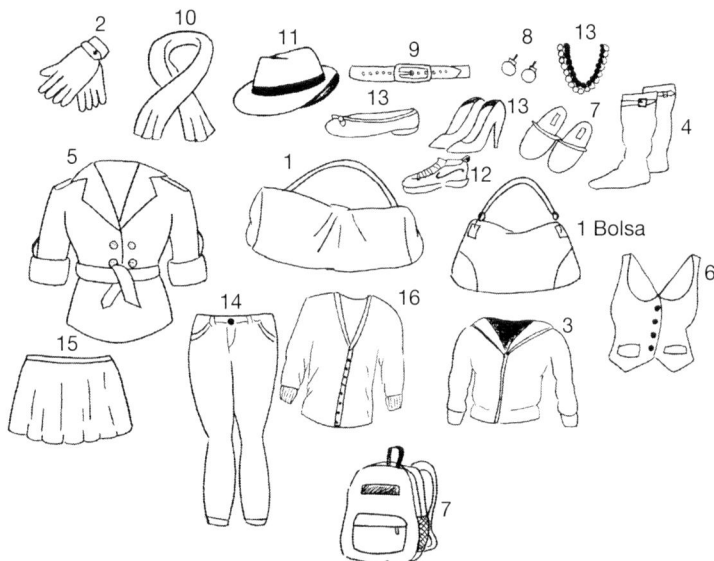

1 Bolsa	9	
2 Luvas	10	
3 Jaqueta	11	
4 Botas	12	
5 Casaco	13	
6 Colete	14	
7 Mochila	15	
8 Brincos	16 Cardigã	

Exercício 8

Releia as duas listas dos exercícios anteriores. Diga o que você usaria em cada ocasião.

Reunião de trabalho	Casamento	Restaurante	Praia

Vocabulário

Roupa masculina

Palavras e expressões usadas para descrever as roupas e os acessórios:

1. camiseta
2. bermuda
3. roupão de banho
4. terno
5. cueca
6. colete
7. meias
8. calças
9. e 10. moletom
11. tênis
12. pijama
13. sapato

Tamanho	Estado/condição	Cor	Tipo de tecido
grande – *large*	ultrapassado – *old fashioned*	listrado – *striped*	seda – *satin/silk*
médio – *medium*	amarrotado – *wrinkled*	xadrez – *plaid*	couro – *leather*
pequeno – *small*	feio – *ugly*	liso – *plain*	algodão – *cotton*
curto – *short*	sujo – *dirty*	colorido – *colorful*	linho – *linen*
largo – *baggy*	rasgado – *ripped or torn*	estampado – *printed*	
comprido – *long*	furado – *with holes*	"de bolinha" – *polka dots*	

longo – *long*	"estar na moda" – *fashionable*
apertado – *tight*	novo – *new*
	usado – *worn*

Exercício 9 (Audio 2.34)

De quem estamos falando? Ouça a descrição. Enumere as fotos na ordem em que forem descritas.

| ( ) | ( ) | ( ) |

Diálogo 4 – Uma super promoção! (Audio 2.35)

Na loja de roupas e acessórios femininos.

GIOVANA: O melhor da viagem foi eles perderem a minha mala! Veja essa promoção!

CAROLINA: Você é muito *cara de pau, hein?*!

GIOVANA: Mas, *não é*? Vou comprar três camisetas, um chinelo, duas bermudas e até um protetor solar.

Ser *cara de pau*! = *To be clueless!/to be cheeky.*

Escolhendo as roupas

VENDEDORA: Gostaria de <u>experimentar</u> esta camiseta <u>xadrez</u>? Está com 40% de desconto!

GIOVANA: Você traz uma de tamanho <u>médio</u> para mim?

VENDEDORA: Claro! Quer ver esta <u>listrada</u> também?

GIOVANA: Esta está linda! Traga também aquela bermuda branca, número 42, por favor.

VENDEDORA: Claro! Só um minuto.

No provador

CAROLINA: Gio, essa bermuda ficou muito <u>larga</u>!

GIOVANA: Não gosto de roupa <u>apertada</u>. Está <u>confortável</u>. Adorei! <u>Vou levar</u>.

No caixa

CAIXA: A senhora vai pagar parcelado ou à vista?

GIOVANA: Tem desconto no cartão?

CAIXA: O desconto é só para as compras à vista, senhora.

GIOVANA: Que absurdo!

Culturalmente falando

Pagar as compras de maneira parcelada, utilizando cheques ou cartões de crédito, é uma prática muito comum no Brasil. Neste caso, os clientes preenchem os cheques e datam para 30, 60, ou até 90 dias. Os anúncios geralmente indicam: três vezes (3x) no cheque pré-datado, até 12 X no cartão ou à vista com desconto.

Exercício 10

Combine as palavras abaixo em orações.

pagar – terno – tamanho – mim – vou – desconto – trazer – amarela – queria– tem – gostaria – blusa – pequeno – três – experimentar – curto – maior – calça – para –médio – ficaram – comprida – pequenos – larga – está – esta – saia – sapatos – uma – poderia – essa – de – você – ou – meus – à vista – um – este – largo – ficou

1 _____

2 _____

3 _____

4 _____

5 _____

6 _____

7 _____

Exercício 11

Você é um vendedor numa loja de departamentos. O que você falaria para cada cliente?

I – A: Sinto muito, mas eu só posso pagar com cartão.
VENDEDOR: _____?
II – B: Esta calça não parece 42, está muito apertada.
VENDEDOR: _____?
III – C: Sim. Onde é o provador?
VENDEDOR: _____?
IV – D: Esta saia está muito comprida.
VENDEDOR: _____.
V – E: Preciso de um vestido xadrez.
VENDEDOR: Que pena, _____.

Exercício 12 (Audio 2.36)

Ouça a conversa. Antônio e seus amigos vão viajar para lugares muito diferentes. Eles estão conversando sobre suas viagens e as dificuldades que estão encontrando para terminar de fazer suas malas. O que falta na mala de cada um?

Mala do Antônio 1	Mala da Patrícia 2	Mala da Maria 3	Mala do Pedro 4
	Óculos escuros		
Jaqueta			Chapéu
		Camiseta	
Boné	Salto alto		Pijama
		Biquíni	

A
C
B

desconto – *discount*
escolher – *to choose*
experimentar – *to try*
pagar à vista – *pay with cash*

pagar parcelado – *pay in installments*
promoção – *sales*
provar – *to try clothes on, or to try food*

taxa – *fee*
Que absurdo! = *This is ridiculous!/This is outrageous!*
Que pena! = *What a pity!*

Que roubo! = *This is too expensive!*
Você é cara de pau = *You are clueless!*
Vou levar = *I will take it.*

Language point

Pronomes oblíquos de objeto direto – The direct object pronouns

Os pronomes oblíquos não são usados frequentemente na língua falado no Brasil. Geralmente usamos pronomes pessoais (ele, você, elas) ou simplesmente omitimos os pronomes oblíquos.

Sujeito	Objeto direto	Direct object	Objeto indireto	Indirect object
eu - I	me	*Me*	me	*me*
tu - you	te	*you*	te	*you*
você – you (sing.)	o/a	*you*	lhe	*you*
ele – he	o/a	*him*	lhe	*him*
ela – she	o/a	*her*	lhe	*her*
nós – we	nos	*us*	us	*us*
eles– they (masc.)	os/as	*them*	lhes	*them*
elas – they (fem.)	os/as	*them*	lhes	*them*

Observe os exemplos:

■ Objeto direto

1

A: Você entregou **o livro**?

B: Entreguei. (Ao invés de: Eu **o** entreguei)

2

C: Você viu o Jonas.

D: Eu vi ele. (Ao invés de: Eu **o** vi)

■ Objeto indireto

III:

A balconista explicou as regras para Giovana.

A balconista **lhe** explicou as regras.

Ele deu o livro para mim.

Ele **me** deu o livro.

Note que os pronomes oblíquos de objeto indireto terceira pessoa – lhe (que corresponde à **a ela, a ele, a elas e a eles**) são geralmente usados na língua escrita. Embora o pronome **TE** seja a forma obliqua para o pronome pessoal **TU**, ele é usado para a terceira pessoa você.

Eu **te** telefonei, mas **você** nunca atendeu.

Os pronomes – o, os, a, as – transformam-se em lo (los), la (las), quando vêm depois de palavras/verbos terminados em "r", "s" and "z"; e no (nos), na (nas) depois de palavras/verbos terminados em –m, e -ão.

Carolina vai comprar uma mala. Carolina vai comprá-**la**.

Giovana vai preencher o formulário. Ela vai preenchê-**lo**.

Vou ouvir os seus conselhos. Vou ouvi-**los**.

Precisamos comprar as plantas. Vou comprá-**las**.

Encontraram os amigos. Encontram-**nos**.

Exercício 13

Complete os diálogos com os pronomes de objeto direto.

A: Você fez a reclamação?

B: Eu ＿＿＿＿＿＿＿ fiz.

C: Giovana perdeu suas malas?

D: Sim. Giovana ＿＿＿＿＿＿ perdeu.
E: Carolina vai compara os chinelos?
F: Carolina vai comprá＿＿＿＿＿＿.
G: Nós vamos ver o filme?
H: Vamos vê- ＿＿＿＿＿＿.

Exercício 14

Traduza as orações abaixo para português. Utilize os pronomes de objeto indireto.

1   Joana gave a ticket to him.
2   Marcos told him the secret.
3   Alex bought a new backpack for her.
4   They explained the problem to us.
5   You call me.

Unit Thirteen
O meio-ambiente

At the end of this unit, you will be able to:

- discuss environmental issues
- talk about recycling and "green living"
- give opinions and express concerns
- use the imperfect subjunctive

ANA PAULA:	Ah ... seu eu pudesse, solucionaria todos os *problemas do* meio ambiente!
KLEBER:	Mas quem disse que você não pode? Ao comer melhor, já vai estar ajudando.
ANA PAULA:	Você fala como se eu tomasse refrigerante e comesse pizza todos os dias.
KLEBER:	Todos os dias não, quase todos os dias, né?
ANA PAULA:	Agora você exagerou! E você, como ajudaria o nosso planeta?
KLEBER:	Sei lá! Deixar de comprar água mineral, talvez?
ANA PAULA:	Claro! Com esta iniciativa, menos plástico sujaria o nosso planeta.
KLEBER:	Que tal se você parasse de ir de carro para o trabalho?
ANA PAULA:	Tá pedindo demais, né?

Exercício 1

Complete as orações abaixo.

> iniciativa – poluiriam – plástico – água mineral – meio-
> ambiente – carro – refrigerante – planeta

1   Ana Paula sugeriu que Kleber parasse de consumir (a) _____.

2   Para Kleber, se Ana Paula parasse de tomar (b) _____ ajudaria o (c) _____.

3   Se os dois mudassem seus hábitos alimentares (d) _____ menos.

4   Comprar menos embalagens de (e) _____ é uma boa (f) _____.

5   Deixar o (g) _____ na garagem não é pedir demais!

Exercício 2

Leia as orações.

A. Seu eu **pudesse**, solucionaria os problemas do meio-ambiente.

B. Você fala **como se**

C: eu **tomasse** refrigerante e **comesse** pizza todos os dias.

O que os verbos em negrito, indicam?

(a) (   ) sugestões/ordens
(b) (   ) certezas/fatos
(c) (   ) hipóteses/desejos

Exercício 3

Relacione os verbos a seguir a sua forma infinitiva:

1 PUDESSE	( ) COMER
2 TOMASSE	( ) PODER
3 COMESSE	( ) TOMAR

Language point

Os verbos pudesse, tomasse e comesse estão conjugados no **imperfeito do subjuntivo (imperfect subjunctive)**

Na *Unidade 10* você aprendeu o modo verbal que usamos para indicar hipóteses, desejos, ou a intenção de se realizar algo no futuro. Nesta unidade, você vai aprender, o **IMPERFEITO do SUBJUNTIVO**, o modo verbal utilizado para expressar hipóteses, emoções e desejos *num tempo remoto*.

Para se conjugar um verbo no **IMPERFEITO do SUBJUNTIVO** basta conjugá-lo na terceira (3ª) pessoa do pretérito perfeito <u>do indicativo</u>:

TER – Eles **tiveram** (3ª pessoa plural do pretérito perfeito do indicativo) – e apagar a desinência verbal = TIV. Em seguida, acrescentamos as seguintes desinências:

eu	tiv**ESSE**
tu	tiv**ESSE**
ele / ela/ você/ a gente	tiv**ESSE**
eles / elas/ vocês	tiv**ESSEM**
nós	tiv**ÉSSEMOS**

Observe:

O IMPERFEITO do SUBJUNTIVO é comumente encontrado em orações compostas subordinadas, ou seja, duas orações dependentes. Observe:

A	B
1 Se eu **pudesse**,	solucionaria os problemas do meio-ambiente.

A	B
2 Eu gostaria de solucionar os problemas do meio ambiente,	mas não posso.

Enquanto na oração 2 temos duas ideias coordenadas e independentes que descrevem os fatos, na oração 1 solucionar os problemas do meio ambiente está condicionado a uma ação do interlocutor. A presença de incerteza, desejo e hipótese faz com que usemos verbo "poder" no imperfeito do subjuntivo.

Geralmente, o imperfeito do subjuntivo vem acompanhado do verbo no condicional, no pretérito perfeito ou imperfeito do indicativo. Observe as orações abaixo.

1 Kleber **sugeriu** [*suggested*] que Ana Paula **parasse** [*stopped drinking*] de tomar refrigerante.

2 Ana Paula **pedia** [*asked*] para que Kleber **deixasse** [*stopped buying*] de comprar água mineral.

3 **Era** surpreendente [*it was surprising*] que ela **evitasse** dirigir [stopped driving].

4 **Escureceu** [*it got dark*] rápido **como se fosse** [*as if it were*] um dia de inverno.

5 **Gostaria** [*I wanted/wished*] que o inverno não **durasse** [*lasted*] tanto.

Os verbos (**sugeriu, pedia, era, escureceu, gostaria**) usados na primeira metade das orações registram sugestão, esperança, surpresa e emoções dos falantes, e os verbos das segundas orações (**parasse,**

deixasse, evitasse, durasse) mostram o sentimento dos falantes por ações não realizadas pelos interlocutores.

Comia **como se fosse** um urso.

Dormia **como se quisesse** morrer.

Olhou para mim **como se fosse** me envenenar.

Ele falava português **como se fosse** um brasileiro.

Para escutar:
Construção
(Chico Buarque de Holanda)

Exercício 4

Complete as orações utilizando o condicional/pretérito ou o imperfeito do subjuntivo.

1   Marta (querer) _____ que João (ser) _____ mais cuidadoso com o meio ambiente.

2   Ele (gostar) _____ que a professora (explicar) _____ a teoria melhor.

3   Elas (sugerir) _____ que nós (ir) _____ de ônibus.

4   Naquela época, as pessoas (poluir) _____ como se (ser) _____ irresponsáveis.

5   (ser) _____ bom que eles (começar) _____ a reciclar.

Exercício 5 (Audio 2.38)

A. Complete a seguinte história com as palavras do quadro abaixo. Ouça para conferir suas respostas.

---

eletrodomésticos – poluição – meio-ambiente –
tóxicos – consumo – reciclagem

aquecimento global – diminuir – poluentes –
responsabilidade – qualidade

Carla anda buscando informações sobre como se envolver em proje-
tos do MMA (Ministério do Meio-ambiente) e ter mais (a) _____
socioambiental. Ela descobriu que o governo tem várias políticas
públicas para promover a produção e o (b) _____ sus-
tentável. Carla aprendeu que ao fazer parte desta iniciativa, a
(c) _____ de vida melhora, menos gases (d) _____ e
materiais (e.) _____ são lançados no (f.) _____. Depois
de sua pesquisa, ela decidiu comprar (g.) _____ mais efi-
cientes, (h) _____, e (i) _____ o consumo de água. Tudo
isso vai ajudar a resolver problemas como o (j) _____, a seca,
a (k) _____ dos rios e mares, e consequentemente, a extinção
de animais e destruição do nosso planeta em geral.

B. Ouça o texto para conferir suas respostas.

Exercício 6

Preencha o quadro abaixo com soluções para cada problema ambiental.

(a) Reduzir o consumo de   (d) Tomar banhos mais curtos
     gasolina   (e) Plantar árvores
(b) Emitir menos gases   (f) Apagar as luzes
     poluentes   (g) Utilizar energia solar
(c) Reciclar   (h) Usar menos papel

Problemas ambientais		Soluções
1 Aquecimento global – *global warming*		
2 Escassez de água – *water crisis*		
3 Poluição – *pollution*		
4 Mudanças climáticas – *climate change*		
5 Desmatamento – *deforestation*		
6 Seca – *drought*		

Exercício 7

Complete as orações.

Exemplo:

Muitas pessoas colocam o jornal no lixo. (reciclar/salvar)

Se todas as pessoas **reciclassem** o jornal, **salvaríamos** milhares de árvores.

1   Boa parte da população não usa o transporte público para ir para o trabalho. (usar/economizar)

Se boa parte da população _____, _____.

2   Noel vai de carro para o trabalho. (pegar/gastar)

Se Noel _____ *carona* com seu amigo, _____ menos gasolina.

3   Rita coloca todas as suas compras em sacolas de plástico. (ter/evitar)

Se a Rita _____ sacolas de tecido, _____ o uso excessivo de material não reciclável.

4   Érica toma banhos longos. (tomar/ajudar)

Se a Érica _____ banhos mais rápidos, _____ a economizar água.

5   A casa do Marcos tem o sistema elétrico ultrapassado. (trocar/cortar)

Se o Marcos _____ o sistema elétrico por energia solar, _____ seus gastos com a conta de luz.

Exercício 8

Leia.

Mito ou verdade?

Lavar a louça ou utilizar utensílios descartáveis? Muitas pessoas diriam que para economizar água é melhor parar de lavar a louça em casa e passar a usar copos, pratos e talheres de plástico. Nas grandes capitais, vários restaurantes e lanchonetes adotaram descartáveis na tentativa de amenizar a falta de água. Este plano foi colocado em prática numa tentativa de evitar perder clientes. Mas não é bem isso que devemos fazer se quisermos agir contra o problema de desabastecimento hídrico. Especialistas mostram que a conta é simples: os materiais de plástico demandam uma quantidade de água muito maior em sua fabricação e reciclagem do que a usada para lavar utensílios reutilizáveis (de vidro, metal, cerâmica etc.). Agora já sabemos que lavar de maneira consciente é sempre melhor. Principalmente quando consideramos que são necessários 3,5 litros de água para produzir um único copo plástico, enquanto usamos no máximo 500 ml na lavagem.

Baseado em: http://noticias.uol.com.br/meio-ambiente/ultimas-noticias/

Reciclar pode salvar o mundo?

Não! Não é bem assim, ao reciclar diminuímos a quantidade de lixo nos aterros, evitando a poluição do ar e do solo, também ajudamos a reduzir a quantidade de matérias primas que seriam extraídas para a produção de novos materiais e ainda contribuiríamos com pequenas comunidades, como catadores de lixo e cooperativas. Mas a verdade é que a reciclagem não é a solução. Se quisermos proteger os recursos naturais e preservar o planeta, precisamos agir segundo as normas dos três R's: **reduzir** a quantidade de resíduos gerados, depois, **reutilizar** os materiais até que eles não tenham mais serventia, e aí sim, **reciclar.**

Baseado em: http://www.ecodesenvolvimento.org/noticias/verdades-e-mitos-sobre-a-reciclagem#ixzz3eTncHsAm

Exercício 9

Baseando-se nas informações do texto acima, marque **C** para as informações *corretas* e **I** para as *incorretas*.

1 Gastamos mais na fabricação do que na lavagem de materiais de   **C**   **I**
   vidro, metal, cerâmica.

2 Restaurantes deixaram de lavar a louça na tentativa de amenizar   **C**   **I**
   a falta de água

3 Não usar recicláveis pode ajudar a solucionar a crise hídrica.   **C**   **I**

4 Temos que reutilizar e reciclar se quisermos proteger os recursos   **C**   **I**
   naturais.

5 Ao reciclar, deixamos de contribuir com a comunidade de   **C**   **I**
   catadores de lixo.

6 Precisamos de mais água para reciclar um copo do que para   **C**   **I**
   lavá-lo.

A C B   Vocabulário e expressões

adotar – *adopt*
amenizar – *reduce / diminish*
aterros – *dumping grounds*
cooperativa – *union*
demandam – *demand*
desabastecimento – shortages
economizar – *save*
extraída – *extracted*
fabricação – *making*
hídrico – *hydric*
lanchonetes – *snack bar*
lavagem – *wash*
matéria prima – *raw materials*

plástico – *plastic*
preservar – *preserve*
reduzir – *reduce*
resíduos – *residues / waste*
reutilizáveis – *reusable*
talheres – *silverware*
untensílios – *ultensils*

Colocar em prática – *put into action*
Catadores de lixo – *waste/ trash pickers*
Pegar carona – *to take a ride (or) to carpoo*

Exercício 10 (Audio 2.39)

A água que você não vê. Ouça o texto e complete o quadro abaixo.

     Quanto de água potável precisamos para produzir itens básicos que consumimos no dia-a-dia?

Produto	Água/litros
Leite	712.5
Cerveja	
Carne	
Frango	3.700
Batata	
Manteiga	

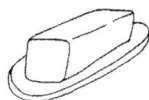

Baseado em: http://www.bebidaliberada.com.br/2203-dia-da-agua-vamos-e-conomizar-brasil/

Diálogo 2: De mãos vazias
(Audio 2.40)

RITA: Você não disse que ia ao supermercado?
MARIA: Ia não, eu fui, Rita!
RITA: Como assim foi? Não tem nada na geladeira!
MARIA: Tive que deixar as compras lá!
RITA: Por que, Maria?

MARIA: Eles não fornecem mais sacolas de plástico. Agora temos
que levar nossas próprias sacolas para carregar as compras.

RITA: Até que enfim uma ação para preservar o meio-ambiente!
Você sabia que consumimos 1,71 milhão de embalagens
de plástico por hora e que este material pode levar 400
anos para se degradar?

MARIA: Mas eu sempre reutilizo as sacolinhas que trago do
supermercado.

RITA: Você reutiliza e recicla, mas nem todos têm esta
consciência ambiental.

MARIA: Neste momento não tenho consciência ambiental, só
tenho fome. Muita fome!

Exercício 11

Releia o diálogo 2. Marque **C** para as orações corretas e **I** para as
incorretas.

1 (   ) Maria não sabia que sacolas de plástico eram tão terríveis
para o meio-ambiente.
2 (   ) A geladeira da Maria estava cheia.
3 (   ) Rita explicou para Maria porque devemos evitar o uso de
sacolas de plástico.
4 (   ) Maria não quis voltar ao supermercado.
5 (   ) Os brasileiros não consomem muito material plástico.
6 (   ) As sacolas de plástico podem levar mais de trezentos mil
anos para se decompor.
7 (**I**) Maria levou as compras para casa.

Exercício 12

Utilize o imperfeito do subjuntivo para reescrever as orações incorretas do exercício 11.

Exemplo:

7 (I) Maria não levou as compras para casa.

Se Maria **tivesse** sua sacola de pano **levaria as compras para
casa.**

Unit Fourteen
Vida virtual

At the end of this unit, you will be able to:

- discuss the use of the internet in the Brazilian society
- talk about behaviors towards technology and social networks
- use vocabulary for virtual environment
- write formal and informal emails
- use the impersonal and personal infinitive

A metade do Brasil está conectada!

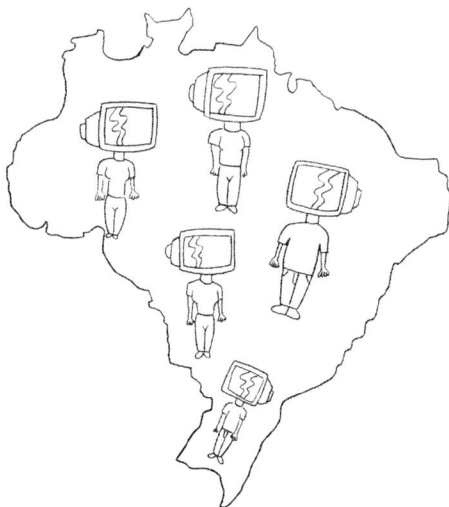

O fato de a internet fazer parte da vida dos brasileiros é indiscutível, e suas consequências têm sido muito discutidas intensamente não só no Brasil, mas no mundo. Resultados de vários estudos têm ilustrado a vida virtual dos brasileiros e suas inegáveis consequências. Dados do IBGE (instituto brasileiro de geografia e estatísticas) revelaram que cerca de 110 milhões de brasileiros têm acesso à internet. Se comparado a outras nações, o Brasil aparece como o 5° país com o maior número de conexões à internet. Hoje já é possível especular que em 2015, o Brasil passará a ser o 4° país mais conectado do mundo, ultrapassando inclusive o Japão.

Acredita-se que a vida virtual do brasileiro possa ser definida por aspectos socioeconômicos e geográficos. Um bom exemplo disso é a maneira como questões raciais transparecem nestes dados. Se consideramos as famílias negras apenas, cuja a renda é inferior à média nacional, a proporção de acesso cai de 45,3% (população total) para 13,3% (população negra). Outro fator a ser levado em consideração é a relação entre o acesso à rede e o nível social do indivíduo. Resultados mostram que entre os 10% mais pobres, apenas 0,6% tem acesso à internet; entre os 10% mais ricos esse número sobe para 56,3%. Além disso, a idade parece ser um outro elemento determinante, alguns estudos revelam, por exemplo, que os jovens na faixa etária de 16 a 25 anos se conectam todos os dias. Não só a idade, a raça e o nível social determinam o perfil do internauta brasileiro, o gênero também foi levado em consideração, e os números revelam que cerca de 58,7% dos internautas são mulheres.

E o que os brasileiros buscam na rede? Como em outros países, no Brasil, músicas e filmes lideram a busca (80%), os esportes aprecem como o segundo tópico mais pesquisado. Em seguida, internautas estão interessados em comentários sobre produtos (58%) e em política (33%). Outro dado interessante é que o uso do telefone celular para acessar a internet (66%) já compete com o computador (71%), mas vale lembrar que a maioria do acesso ainda se dá em *lan houses* (internet cafés) e não nas residências. As pesquisas revelam ainda que 92% dos internautas estão conectados por meio de redes sociais como *Facebook*.

Vocabulário e expressões

A$\mathbf{C}^{B}$

acessar – *access*
checar – *to check*
computador – *computer*
conectar – *connect*
dado – *data*
deletar – *to delete*
fazer uma busca – *search on the internet*

internautas – *intenet users*
internet (nete) – *internet*
lan house – *cyber cafés with paid access to the internet*
liderar – *to lead*
navegar – *to surf the internet*
pesquisar – *to search*
rede (intenet) – *web, internet*

Exercício 1

Correto ou incorreto? Marque **C** para as informações pertinentes ao texto e **I** para as informações incoerentes.

1 A maioria dos brasileiros acessam a internet de casa.   C I
2 Os negros e os homens têm mais acesso à internet do que as mulheres.   C I
3 Facebook é um dos sites mais utilizados no Brasil.   C I
4 O número de acessos não é determinado por fatores socioeconômicos.   C I
5 Brasil é o 5º país com o maior número de conexões à Internet.   C I
6 A política é um dos tópicos de busca dos internautas brasileiros.   C I

Exercício 2

Complete as orações com as seguintes palavras:

(a) redes sociais – (b) navegando – (c) checa – (d) internauta –
(e) desconectar – (f) conectados – (g) acesso

Manuela é uma _____ disciplinada. Ela passa somente 2 horas _____ na internet.

Elisa _____ o seu email a cada 5 minutos. Ela já não consegue se _____.

Muitos brasileiros têm _____ à internet.

O Facebook e o Whatsapp são as _____ mais utilizadas por brasileiros.

Os internautas não dividem sua atenção quando estão _____.

Language point

O infinitivo – the infinitive

É muito comum usarmos os verbos no infinitivo (acessar, buscar, checar) em português. Há dois tipos de infinitivo, personal e impessoal. **O infinitivo impessoal** é um verbo não conjugado que termina em"r".

Observe os casos abaixo:

1   O infinitivo pessoal seguido de outro verbo funciona como um objeto.

    Quero [**acessar** a Net]. (I want to access the internet.)

2   O infinitivo como sujeito da oração.

    [**Checar** email] é um vício. (*Checking emails is a vice*)

3   O infinitivo como complemento de uma preposição.

    Entro na internet [para **ler**] as notícias. (*I access the internet to read the News*.)

4   O infinitivo como complemento do verbo "SER".

    Meu intuito [é **espalhar**] as maravilhas da vida na rede. (*My intention is to spread the wonders of life on the internet*.)

Expressões com SE e expressões para falar do clima são impessoais.

Exemplo:

Fala-se Português.

Chove muito em dezembro.

O infinitivo pessoal é uma característica única do Português. Usamos o infinitivo conjugado quando queremos adicionar detalhes sobre o sujeito da oração. O infinitivo pessoal é usado para indicar que o sujeito implícito é diferente do sujeito da oração principal. Ele nunca aparece em orações como sujeito explicito.

Compro o livro para <u>eu</u> ler.

Compro o livro para <u>nós</u> le**rmos**.

Compro o livro para <u>eles</u> le**rem**.

Geralmente, depois das seguintes expressões, usamos o infinitivo:

   É importante/É bom/É necessário/É triste/É crucial

   Ao, Depois de, Antes de, Para (in order to), Sem

Como conjugar **o infinitivo pessoal**

	-ar	*-er*	*-ir*	*-or*
	acessar	*fazer*	*ir*	*pôr*
eu	acessar	fazer	ir	pôr
ele/ela/você/a gente	acessar	fazer	ir	pôr
eles/elas/vocês	acessarEM	fazerEM	irEM	porEM
nós	acessarMOS	fazerMOS	irMOS	porMOS

É muito importante praticar estas formas. Elas são muito utilizadas tanto na língua falada quanto na escrita.

Exercício 3

Reescreva as orações abaixo no infinitivo.

Exemplo: Eu passo muito tempo na internet. <u>É importante</u> **passar** menos tempo na internet.

1   Eles trabalham pouco.

    É bom _____

2   Nós não falamos a verdade.

    É importante _____

3   Eles leem muito pouco.

    Eles precisam de mais tempo para _____

4   Eu digo a verdade.

    É bom _____

5   Os governantes eliminarão o problema de exclusão digital.

    É crucial _____

6   Os jovens põem todas as suas informações pessoais nas redes
    sociais.

    É importante _____

Exercício 4

Complete o diálogo abaixo com os verbos apropriados.

> concluir – ler (2x) – ter – escrever – rever – observar –
> acabar – prestar – entregar

PROFESSORA: Margarita, é importante (a) _____ atenção
                  nestes detalhes.

ALUNA: Tudo bem, professora, mas antes de (b) _____
                  os detalhes, preciso (c.) _____ a escrever.

PROFESSORA: Você já terminou de (d) _____ pelo menos?

ALUNA: (e) _____ é a parte mais fácil. Para mim,
                  (f) _____ e (g) _____ é sempre o
                  mais complicado.

PROFESSORA: Você já deveria (h) _____ terminado esse
                  trabalho, mocinha.

ALUNA: Estou aflita! Acho que não vou (i) _____
este trabalho nunca!

PROFESSORA: Ao (j) _____ a leitura, as coisas ficarão
mais fáceis.

Exercício 5 (Audio 2.41)

Ouça e complete as orações abaixo.

Você sabia que ...

57,2 milhões de (a) _____ acessam a Internet
regularmente.

38% das pessoas (b) _____ à web diariamente; 10%
de quatro a seis vezes por semana; 21% de duas a três vezes por
semana; 18% uma vez por semana.

87% dos internautas brasileiros (c) _____ pelo menos
uma vez por semana.

A cada 2 segundos, 3 novas (d) _____ são ativadas.
Sistemas gratuitos de (e) _____ (Wi-Fi) funcionam nas
orlas de Copacabana, Leme, Ipanema e Leblon, nos Morros Santa
Marta e Cidade de Deus e em Duque de Caxias.

A cada dia, 500 mil pessoas entram pela primeira vez na Internet
e são (f) _____ 200 milhões de tuítes (Tweets); a cada
minuto são (g) _____48 horas de vídeo no YouTube; e
cada segundo um novo (h) _____ é criado.

70% das pessoas consideram a Internet indispensável. Em 1982
havia 315 (i) _____ na Internet. Hoje existem 174 milhões.

Internetês – a língua Portuguesa da rede! (Audio 2.42)

arquivo atachado ou em anexo – *attachment*	arquivo – *file*
nome do usuário – *login*	arquivo compactado/zipado – *zip*
antivírus – *malware*	baixar – *download*

bate-papo – *chat*	imprimir – *print*
blog/blogue – *blog*	link – *link*
blogueiro – *blogger*	mensagem – *message*
chavinha (uma pen/pen drive) – *flash drive*	monitor – *screen*
compactar/zipar um arquivo – *to zip a file*	mouse – *mouse*
	o navegador – *browser*
computador portátil – *laptop or notebook computer*	página – *website*
	postar/um post – *to post/a post*
conexão – *connection*	publicar (post) – *publish*
conta – *account*	recuperar – *retrieve*
correio eletrônico – *email*	remetente – *sender*
dispositivo – *device*	sala de bate-papo – *chat room*
fazer uma cópia de segurança (um back up) – *back up*	salvar – *save*
	senha – *password*
ferramenta – *tool*	site – *website*
homepage (página rosto) – *homepage*	teclado – *keyboard*
	teclar (digitar) – *to type*
impressora – *printer*	

Verbos comuns no mundo virtual

alterar – *change*	preencher – *fill up*
conferir/checar – *check*	receber – *receive*
configurar – *configurate*	recuperar – *retrieve*
entrar – *enter*	redefinir – *redefine*
enviar – *send*	responder – *answer/reply*
informar – *inform*	solicitar – *request/ask for*
obter – *obtain/get*	solucionar – *solve*

Exercício 6

Conexão lógica! – Relacione cada verbo da **Coluna A** à expressão da **Coluna B**.

A	B
1 informar	( ) a minha página
2 obter	( ) um email
3 responder	( ) sua mensagem
4 solucionar	( ) na internet
5 entrar	( ) a informação
6 conferir	( ) o usuário
7 recuperar	( ) o formulário
8 preencher	( ) o problema de acesso
9 receber	( ) uma senha
10 alterar	( ) meus dados

Exercício 7 (Audio 2.43)

Um email estranho! Ouça e complete a história.

A Antônia recebeu uma (a) _____ misteriosa. O endereço do email era (b) _____.

Antônia recebeu uma visita (c) _____ e foi informada que os livros acumulados em seu escritório eram verdadeiros tesouros.

Para receber a fortuna, Antônia foi instruída a (d) _____ um programa, enviar o protocolo, e (e) _____o seu computador.

Ela também precisa criar um (f) _____ e uma (g) _____ bem segura.

Assim que Antônia fizer tudo isso, ela deve (h) _____ fotos do seu escritório limpo e organizado para o seguinte email (i) _____.

Exercício 8

Responda às perguntas:

1   Você consideraria esta mensagem como formal ou informal?

Você é viciado em internet? Faça o teste do Exercício 9 para checar o seu nível de dependência digital.

Exercício 9

O questionário[1] abaixo possui 20 perguntas para definir os níveis de dependência da internet como baixo, moderado e grave. Faça já o teste e confira se a internet é mesmo um vício para você ...

Para obter o seu nível de dependência, use a seguinte escala para responder o questionário:

> 0 – não se aplica 1 – raramente 2 – ocasionalmente 3 – frequentemente 4 – quase sempre 5 – sempre

■ Perguntas

1 Você fica conectado na Internet mais tempo do que gostaria?

_____

2 Você ignora as tarefas domésticas para passar mais tempo conectado?

_____

3 Você prefere o estímulo da Internet à intimidade com o seu parceiro?

_____

4 Começa novas relações com outros usuários na Internet?

_____

5 Seus amigos e parentes se queixam sobre o tempo que passa conectado?

_____

6 O tempo que você passa conectado impede concluir outros afazeres?

_____

7 De manhã, antes mesmo de comer, você verifica o email (correio electrônico)?

_____

8 Internet atrapalha o seu desempenho ou produtividade no trabalho?

_____

9 Quando alguém lhe pergunta o que está fazendo na rede, você tem uma atitude defensiva ou secreta?

10 Você usa seu tempo na Internet para inibir os pensamentos perturbantes sobre a sua vida?

11 Você deseja estar conectado à Internet o tempo todo?

12 Você tem medo de que sem a Internet sua vida seja chata ou vazia?

13 Você grita ou se irrita se alguém o (a) incomoda enquanto está conectado (a)?

14 Deixa de dormir para ficar conectado?

15 Pensa e se preocupa em acessar a Internet quando está desconectado (a)?

16 Diz a si mesmo "só mais uns minutos" quando está na Internet?

17 Tenta se desconectar e não consegue?

18 Mente sobre a quantidade de horas que passa na Internet?

___

19 Prefere entrar na Internet à se encontrar com as outras pessoas?

___

20 Percebe que está deprimido, triste e irritado quando não está na
  internet e se sente melhor quando volta a se conectar?

___

Depois de responder a todas as questões, some os pontos que
atribuiu a cada resposta para obter uma pontuação final. Quanto
mais alta for a pontuação, maior é o seu nível de dependência e
os problemas que o uso da internet provoca.

___

■ Verifique os seus resultados

Se a sua pontuação variou entre:

20–49 pontos: Você é um internauta normal. Às vezes poderá até
navegar na internet um pouco demais, mas continua tendo controle
sobre a sua utilização.

50–79 pontos: Você começa a ter problemas frequentes devido
ao uso da internet. Precisa considerar o impacto negativo que
a internet tem na sua vida quando fica conectado com muita
frequência.

80–100 pontos: A utilização da internet está causando problemas
significativos na sua vida. Pense em avaliar as consequências
destes hábitos e aprender a lidar com a internet de modo mais
saudável e produtivo.

Exercício 10

A Leia o email que a Luciana escreveu para a sua chefe (boss).

De: lucouto@geoint.com.br

Para: hribeiro@geoint.com.br

Enviado: Domingo, 19 de maio de 2015 – 21:30

Assunto: Relatórios de exportação

E aí, Helena, beleza?

Tenho uma consulta médica segunda-feira e estou escrevendo rapidinho para dizer que não vou dar as caras no escritório. Encaminho os relatórios de exportação em anexo. Depois a gente discute isso. Não deixe de me responder.

Beijinhos,

Lu

Luciana Couto

Gerente de Negócios Internacionais

GEOINT

B Baseando-se no e-mail da Luciana, escolha a opção mais adequada.
Responda às perguntas.

1   Considerando o interlocutor, a linguagem usada por Luciana está:
    (a) (   ) adequada (b) (   ) inadequada

2   Releia o email e sublinhe as palavras que te levaram a avaliar a linguagem do email.

3   Para quem a Luciana poderia enviar esse email?
    (a) (   ) seu professor (b) (   ) seu namorado (c) (   ) seu médico

4   Leia o email que Luciana reescreveu.

From: lucouto@geoint.com.br

To: hribeiro@geoint.com.br

Sent: Monday, May 19, 2016 – 6:30

Subject: reports

Dear Helena,

I hope this message finds you well. I am writing to inform that I will not be able to attend our meeting on May 26. I have attached the requested reports to this message. I hope we will be able to discuss these results soon.

Thank you so much for your consideration.

Best regards,

Luciana Couto

Gerente de Negócios Internacionais, GEOINT

---

5   A chefe da Luciana não sabe inglês – Ajude a Luciana a terminar a tradução da mensagem.

_____: lucouto@geoint.com.br

_____: hribeiro@geoint.com.br

_____: Domingo, 19 de _____, 2016 – 21:30

_____: Relatórios

_____ Helena,

Escrevo _____ _____ que não poderei
_____à _____ que havíamos agendado
para a próxima segunda-feira- 26 de maio.

Conforme _____, envio _____ a cópia
dos relatórios. Espero que possamos discuti-los _____
_____.

Muito obrigada pela _____.

Um abraço,

Luciana Couto

Gerente de Negócios Internacionais

GEOINT

Palavras e expressões úteis para escrever mensagens eletrônicas

Função	Formal	Informal
1 para cumprimentar/ formas de tratamento	Prezado(a), Caro(a) Excelentíssima (o) Senhora/ Senhor, Meus sinceros cumprimentos	Oi Tudo bem? Querido (a) VC/C (você)
2 para se despedir	Cordialmente Sinceramente Um abraço Tudo de bom	Abraços (abçs) Beijinhos (bjs) Até (inté)
3 para se desculpar	Sinto muito Peço desculpas Por favor	Me desculpa ... Perdoa ...

4 *para agradecer*	Muito obrigada Obrigada pela compreensão Muito obrigado (a) pela ajuda Cordialmente	Valeu! Brigadu MTO (muito) obrigada(o)
5 *transições*	Conforme mencionado, Como solicitado, De acordo com ...	Como a gente tinha conversado Envio em anexo o que você pediu

Exercício 11

Como a Helena responderia ao primeiro email da Luciana? Escreva uma possível resposta.

De: hribeiro@geoint.com.br

Para: lucouto@geoint.com.br

Enviado: Segunda-feira, 26 de maio de 2016 – 7:30

Assunto: Relatórios

_____ Luciana,

Helena Ribeiro

Diretora Executiva, GEOINT

Dica

Use o seguinte link para acessar o corretor ortográfico http://www.flip.pt/
FLiP-On-line/Corrector-ortografico-e-sintactico.aspx. Para fazer a correção
ortográfica e sintática do seu texto basta copiar e colá-lo no Flip.

Exercício 12

Seu colega recebeu as seguintes instruções em inglês. Ele não sabe inglês. Ajude o seu colega, traduza as orações abaixo para português.

1 Retrieve your password.

_____

2 Install the new version of our software.

_____

3 Restart your computer.

_____

4 Delete your old messages.

_____

5 Fill in this form.

_____

6 Send it as an attachment.

_____

7 Download the files.

_____

8 Buy a new flash drive.

_____

9 Improve your connection.

_____

10 Limit the time you spend on the internet.

_____

Cultural point

Como rir online ☺?

Para transmitir risos e gargalhadas, geralmente se digita:

rsrsrs ou simplesmente **rs** (= simples risada)

kkkk (= a forma mais simples de transmitir risos)

hehehe (= risada mais tímida ou com tom malicioso)

hahaha (= risos clássicos vistos até em histórias em quadrinhos)

hohoho (= risada irônica, piada sem graça)

huahuahua (= parecem latidos, mas são gargalhadas modernas)

ashuahsaushuas (= altas gargalhadas)

Exercício 13

A   A internet em Português. Veja a lista dos sites mais populares do Brasil!

(a) globo.com – A TV nacional!

(b) mercadolivre.com.br – Comprar e vender de tudo!

(c) cvcviagens.com.br – Explorando o mundo!

(d) voegol.com – Voe do seu jeito!

(e) bb.com.br – Um banco nacional!
     folha.uol.com.br/ – Um jornal a serviço do Brasil!

B Ajude o seu amigo a escolher que sites ele pode acessar para:

1   comprar uma passagem aérea (   )

2   ler as notícias (   )

3   ver as novelas (   )

4   comprar e vender seus objetos pessoais (   )

5   buscar um pacote de turismo (   )

6   acessar sua conta bancária (   )

Internetês, a língua portuguesa virtual

Glossário

A
abç – *abraço*
ae – *aí*
aew – *e aí; oi*
at+ – *até mais tarde*

B
bgd – *obrigado*
bj – *beijo*
blz – *beleza*

C
cs – *vocês*
ct – *certeza*
cumé – *como é*
cv – *conversa*

D
Dels – *deus*
d+ – *demais*
d nda – *de nada*
dp – *depois*

E
eh – *é*
entaum – *então*

F
find/fds – *fim de semana*

fikr – *ficar*
fl – *falo*
flw – *falou*
fmz – *firmeza*

G
gnt – *gente*

K
kd – *cadê*
kda – *cada*
ke – *que*
kero – *quero*
kkk – *gargalhada (risos)*
ksa – *casa*

M
mooh – *amor*
msm – *mesmo*
msg – *mensagem*
mto – *muito*

N
net – *internet*
niver – *aniversário*
ngm – *ninguém (pode ser escrito também por "ng")*

O
obg – *obrigado*
obgda – *obrigada*
obv – *óbvio*
oc – *você*
okay – *tudo certo*

P
PC – *computador*
pde – *pode pode ser*
pq – *porque*

Q
q – *que*
qdo – *quando*
qê – *o quê? (para esclarecer)*
qlqr – *qualquer*

S
sddz – *saudades*
smp – *sempre*

T
t+ – *até mais*
tá – *está*
tadin – *diminitivo de coitado*
tah – *tá*
taum – *estão*

tbm – *também*
tc – *teclar*
td – *tudo*
tdb – *tudo bom;*
   tudo de bom
tds – *todos*

V
vdd – *verdade*
vlw – *valeu*
vg – *vírgula*
v6 – *vocês*

X
xau – *tchau*
xeid – *cheio de*
xegô – *chego*

Note

1 Teste baseado no questionário desenvolvido pelo Instituto Delete.

Key to exercises and scripts

Unit 1

Exercício 1

TALES:	Oi! Boa tarde! MEU nome É Ana. QUAL É O SEU NOME?
TALES:	MUITO PRAZER, Ana. EU ME CHAMO TALES.
ANA:	PRAZER, Tales.
ANA:	Como VAI?
TALES:	TUDO BEM!
ANA:	A gente se vê mais tarde. ATÉ LOGO.
TALES:	Até mais!

Exercício 2

casa; almoço; verde; tarde; chamo; chato; carro; também; manhã; trabalho

Exercício 3

1 Tudo bem? / 2 Qual é o seu nome? / 3 Como vai?.

Exercício 4

1 Não. Não é não. Não, Madonna não é italiana. / 2 Sou **or** Sou sim. / 3 É, sim. / Sim. / 4 Não. Não é não. **or** Não, ele não é turco. Ele é americano. / 5 Não. Não é não **or** Não. Não ela não é não.

Exercício 5

1 Ele é espanhol.
2 Elas são inglesas.
3 Nós somos franceses.
4 Eles são porto-riquenhos.

Exercício 6

1 são / 2 é / 3 somos – são / 4 é / 5 são / 6 sou / 7 é

Exercício 7

1 Carey é alemã / ela é da Alemanha
2 Lou é macalense / Ele é de Macau
3 Helena e Paulo são panamenhos. / Eles são do Panamá.
4 Eu e Rodrigo somos costa-ricenses/ Nós somos da Costa Rica.
5 Clémence é francesa. Ela é da França.

Exercício 8

1 é – está – está – é – é – são / 2 estamos – são – estão / 3 são / 4 está /
5 somos – estamos / 6 é / 7 está

Exercício 9

1 a – da – no / 2 a – de / 3 dos/ 4 um / 5 o – do / 6 os / 7 do / 8 A

Exercício 10

Answers vary. Suggestions:
1 meu nome é ---- / 2 eu sou de(do/da) … / 3 estou em / no /na …

Exercício 11

1 Ele é americano / 2 Ela está nos Estados Unidos / 3 Você é do Brasil /
4 De onde eles são? /5 Eu estou em são Paulo / 6 Eliana e Pedro são
mexicanos.

Script: Exercício 12

O meu nome é Alexandra. O meu irmão se chama Rony e o meu pai Dário. O nome da minha mãe é Ana. Minha mãe é do Brasil e meu pai da Itália. Minha família é muito interessante. O meu irmão é casado e tem três filhos. Ele está com sua família na Espanha. Tenho muitos amigos de vários países no mundo. Minha amiga Adriana é da Romênia, meu amigo Ben é da Inglaterra e meu amigo Dino e minha amiga Rosa são da Itália. Gosto de conhecer pessoas de muitos lugares no mundo.

Exercício 13

1   Você ESTÁ no restaurante.
2   Eles estão EM casa.
3   Onde vocêS ESTÃO?
4   Julie é americanA.
5   Mariana é DO Brasil.
6   NÓS somos mexicanos.
7   Eu, a Juliana e a Érica ESTAMOS em casa.
8   D. Maria é DA Itália.

Unit 2

Exercício 1

Henrique Rocha	Idade:	Telefone:	Endereço:
CPF: 00987676565333	54		Rua João Celestial, 45 – Itaquera – SP – São Paulo

Vilma Moreira	Idade:	Telefone:	Endereço:
CPF: 80314245678	24	(019) 45696869	Rua Vicente de Anhanguera, 87 – Jundiaí - São Paulo – SP

Antônio Freitas	Idade:	Telefone:	Endereço:
CPF: 65763412359	32	(21)22658622	Rua Correia Dutra – 59 - apartamento 102 - Flamengo – Rio de Janeiro – RJ

Exercício 2

Personal answers.

Exercício 3

Maria e Juliana são amigas, trabalham e estudam juntas. Elas têm 18 anos. Maria tem dois irmãos: João e Manuel. João tem 15 anos e Manuel tem 21 anos. Eu, Manuel e Carlos temos a mesma idade, 21 anos e estudamos na mesma universidade.

Exercício 4

1 Dezenove de junho
2 Doze de fevereiro
3 Primeiro de janeiro
4 Vinte e sete de abril
5 Vinte e cinco de julho

6 Vinte e nove de setembro
7 Dezessete de outubro
8 Oito de agosto
9 Vinte de maio
10 Vinte e sete de março
11 Vinte e seis de novembro
12 Dois de dezembro

Exercício 5
Answers vary.

Exercício 6
1 9:40
2 1:30
3 11:55
4 3:40
5 11:50
6 11:45
7 6:00

Exercício 7
Júlio está com a agenda cheia esta semana. Ele tem muitas provas esta semana. Na segunda-feira ele tem a manhã livre. As 11 da manhã ele tem uma prova de geografia. Na terça ele tem uma prova de matemática às 10:30 da manhã. Na quarta o Júlio só tem uma prova de história às 5 da tarde. Às quintas o Júlio tem um dia cheio. Ele tem uma prova de português as 9:45 depois ele tem que almoçar com a Gigi as 12:30. Na sexta-feira Júlio tem prova de inglês e à noite, por volta das 8 da noite ele tem que jantar com Marisa. Nos fins de semana Júlio descansa e se diverte com os amigos. No sábado, às 8 da noite, ele tem a festa de aniversário da Camila e no domingo ao meio-dia tem uma feijoada na casa da Jussara. Júlio é uma pessoa muito ocupada!

Exercício 8

B	I	N	G	O
43	5	12	40	14
56	89	0	90	78
77	4	100	25	6
28	32	80	65	50
7	16	10	64	1

Exercício 9

1 O nome da amiga da Tati é Lisa.
2 Lisa não está em casa.
3 Lisa está com o namorado dela.
4 Ele se chama Luiz.
5 Ele é simpático, alto, negro e charmoso
6 A Tati vai ligar amanhã de noite.

Exercício 10

Answers vary.

Exercício 11

1 (7) Ela está com sorte.
2 (9) Estou com saudade do meu pai.
3 (8) Ele está com sede.
4 (6) Ele está com raiva.
5 (5) Eu estou com calor.
6 (4) Ele está com fome.
7 (1) Ela está com frio.

8   (3) Ela está com ciúmes.

9   (2) Ele está com preguiça.

Exercício 12

1   O meninos estudam na sala da aula.

2   Eu gosto muito de homens gentis.

3   Os estudantes são fiéis.

4   As mulheres são responsáveis.

5   A gente é terrível.

6   O Frederico é leal.

7   Os homens trabalham à noite.

8   Os alunos portugueses moram na Espanha.

9   Elas são felizes.

10 Viviane e Ana Paula são professoras.

Exercício 13

1   dentista gentil

2   garagem azul

3   viagem difícil

4   nariz pequeno

5   avião velho

6   pão ruim

7   mãe bondosa

8   dia feliz

Script: Exercício 1

Este é o Henrique Rocha, o CPF dele é 00987676565333. Ele tem 54 anos. O endereço dele é Rua João Celestial, 45 – Itaquera – SP – São Paulo. Esta é a Vilma Moreira, o CPF dela é 80314245678. Ela tem 24 anos. O endereço dela é Rua Vicente de Anhanguera, 87 – Jundiaí – São Paulo – SP, e o telefone (019) 45696869. Este é o Antônio Freitas. O endereço dela é Rua Correia Dutra – 59, apartamento 102 - Flamengo – Rio de Janeiro – RJ – 21220300. O CPF dele é 65763412359.

Unit 3

Exercício 1

Carlos e Jussara estão no restaurante (1) ao ar livre. Eles se encontram (2) na praia. Carlos come (3) de tudo e Jussara não (4) gosta muito de peixe (5) com molhos, ela prefere (6) peixe grelhado.

Exercício 2

Personal answers.

Exercício 3

(a) gosta / (b) gosto / (c) prefiro / (d) gosta / (e) prefere / (f) gostamos / (g) evitamos / (h) viajam / (i) preferem / (j) podem

Exercício 4

Answers vary.

Exercício 5

Answers vary. The right verb conjugation is: posso / tenho / quero / conheço

Exercício 6

1   A Jussara gosta de salada, mas prefere chocolate, pães e bolos.
2   A Jussara se descreve como muito gorda.
3   A Jussara pergunta se a nutricionista pode te ajudar.
4   A Jusssara quer emagrecer e ter uma vida mais saudável.

Exercício 7

1   O arroz custa dezessete reais.
2   O melancia custa dois reais e cinquenta centavos.
3   Um quilo de morango custa seis reais.
4   Meio quilo de frango custa um real e cinquenta e nove centavos.

Exercício 8

As refeições	Os preços R$	As refeições	Os preços R$
(a) O café da manhã da Jussara	R$ 3	(a) O café da manhã do Carlos	R$25
(b) O almoço da Jussara	R$ 14	(b) O almoço do Carlos	R$ 30
(c) O jantar da jussara	R$ 28	(c) O jantar do Carlos	R$ 37

A Jussara gasta _____ com suas três refeições
O Carlos gasta _____ com suas três refeições

Exercício 9

1   Quantos brasileiros consomem pão francês?

Oitenta e cinco por cento dos brasileiros consomem pão francês.

2   Quantos brasileiros consomem Legumes?

Dezoito por cento dos brasileiros consomem legumes.

3   Quantos brasileiros consomem arroz, feijão e frango?

Noventa e seis por cento dos brasileiros consomem arroz, noventa e quatro feijão e quarenta e dois por cento frango.

4   Quantos brasileiros consomem carne bovina?

Sessenta e nove por cento dos brasileiros consomem carne.

5   Quantos brasileiros consomem manteiga?

Vinte e oito por cento dos dos brasileiros consomem manteiga.

6   Quantos brasileiros consomem ovos ?

Quatorze por cento dos brasileiros consomem ovos.

Exercício 10

1 I / 2 C / 3 I / 4 C / 5 C

Exercício 11

B Onde está o pudim? O pudim está atrás do frango.

Onde está o prato? O prato está entre as facas e os garfos.

Onde estão a colher e o garfo de sobremesa? Eles estão acima do prato.

Onde estão as taças? As taças estão entre o copo e a panela.

Onde estão as comidas e o aparelho de jantar? Eles estão em cima da mesa.

Exercício 12

1   Eu e a Marina vamos pedir uma salada.
2   Você pede o cardápio.
3   Pagamos a conta com cartão.
4   Quero experimentar o quindim.
5   A gente quer apenas pão e água.

Script: Exercício 6

NUTRICIONISTA: Como vai?
JUSSARA: Eu estou bem, mas preciso muito da sua ajuda.
NUTRICIONISTA: Sim. Claro, posso posso ajudar?
JUSSARA: Estou muito gorda, gosto de salada, mas prefiro o chocolate, pães e bolos. Eu durmo pouco e não faço ginástica.
NUTRICIONISTA: Você gosta muito de doces, não é?
JUSSARA: Sim. Você pode me ajudar?
NUTRICIONISTA: Acho que posso, mas você quer mesmo mudar?
JUSSARA: Quero. Preciso emagrecer e ter uma vida mais saudável.

Script: Exercício 8

A Jussara e o Carlos não almoçam juntos. Jussara gosta de almoçar perto da praia e Carlos sempre almoço no hotel. O almoço do Carlos custa R$ 30 reais e o da Jussara custa R$ 14. Eles geralmente jantam juntos, mas o Carlos pede cerveja e a Jussara não. Para o jantar o Carlos também paga muito – cerca de R$ 37, mas a Jussara come muito pouco e seu jantar custa R$ 28. Para o café da manhã a Jussara gosta de suco natural barato – ela gasta apenas R$ 3, mas o Carlos prefere um café da manhã completo com ovos e bacon – ele paga R$25 toda manhã.

Unit 4

Exercício 1

1 V / 2 F / 3 F / 4 V / 5 V / 6 F

Exercício 2

Érica é cunhada do Vinícius. / Alaíde é bisavó do Gabriel. / Divino é sogro do Carlos. / Vinícius é genro da Margarida. / Carlos é avô do Gabriel.

Exercício 3

Personal answers.

Exercício 4

A família do Gabriel é animada. Os tios e as tias dele confirmaram a presença. Eles compraram os presentes que o Gabriel pediu. Para chegar à festa, os parentes do Gabriel subiram muitos degraus. Quando chegaram, eles estavam cansados e com sede. Eles tomaram muito guaraná. A avó e o avô do Gabriel não beberam durante a festa, mas todos os outros convidados comeram muito, e depois partiram. Gabriel ficou muito triste depois que a festa acabou.

Exercício 5

ÉRICA:	Ju, como estão os preparativos para o aniversário do GABRIEL?
JULIANA:	Quase tudo pronto para a festa, ÉRICA!
ÉRICA:	A ALAIDE vai?
JULIANA:	Claro! A ALAIDE e o DIVINO nunca faltaram aos aniversários de seus netos e bisnetos.

ÉRICA:	Pensei que <u>o CARLOS e a MARGARIDA</u> estariam viajando.
JULIANA:	Eles mudaram as datas da viagem.
ÉRICA:	Tudo pelo netinho! <u>Os PAIS e OS IRMÃOS DO</u> <u>VINICIUS</u> também vêm?
JULIANA:	Ainda não sei. Os parentes do Vinícius são muito enrolados. <u>Minha cunhada e meu cunhado</u> são médicos e perdem muitas festas por causa dos seus plantões.
ÉRICA:	Enquanto eles trabalham nós comemoramos com os amigos e os familiares.

Exercício 6

1 Ana e Margarida são **filhas** do Divino e da Alaíde.

2 O Carlos é **cunhado** do Lúcio e **genro** do Divino.

3 A Juliana e a Érica são **sobrinhas** da Ana.

4 O Gabriel é **bisneto** do Divino e da Alaíde e **neto** do Carlos e da Margarida.

5 O Divino é **sogro** do Carlos.

6 O Léo e a Flávia são **padrinhos** do Gabriel. A Flávia é a **esposa** e o Léo é o **marido** dela.

Exercício 7

Personal answers.

Script: Exercício 8

Quem você já colocou na lista, Ju?

Tenho um total de 70 pessoas.

Cento e … O quê? Cento e cinco? Está louca ou está rica. Um dos dois!

Nenhum dos dois. Há algumas pessoas que não posso deixar de convidar. Nem todos vêm, mas assim tenho que convidá-los.

Está bem. Então vamos rever a lista.

Tem todos os primos?

Sim, 13. 8 meninas e 5 meninos.

Confirmados. E os tios. Você se lembrou de todos?

Acho que tenho todos. 52.

Certinho. Agora você só precisa adicionar os amiguinhos do Gabriel. Quantos são?

Só vou convidar os amiguinhos aqui do prédio. 4 meninos e 2 meninas.

Temos 66 faltam os avós.

Ah … eles não contam.

Exercício 9

1   A que horas é o voo do Renato e da Érica ?

2   Para onde eles vão viajar?

3   O que Érica vai ler durante o voo?

4   Onde Renato vai nadar?

Exercício 10

1 leio   (5) Nós _____ para a festa do Gabriel.

2 vai   (7) Tia Juliana e Tio Vinícius _____ à casa de festa.

3 vem   (1) Eu _____ muitas revistas(magazines).

4 lê   (6) Eu _____ do trabalho às dez da noite.

5 vimos   (4) Tia Taís _____ poucos livros (books).

6 venho   (3) Tia Érica _____ para a festa do Gabriel depois do trabalho.

7 vão   (2) Vovô Carlos _____ de carro para a casa da Juliana.

Exercício 11

LÚCIO: Meu filho foi para São Paulo.
CARLOS: Ele foi sozinho? Minha filha foi também.
LÚCIO: Seu filho foi sozinho?
CARLOS: Não, ele foi com a namorada dele.
LÚCIO: E sua esposa também viajou?
CARLOS: Não. Ele ficou com a mãe dela.

Exercício 12

1 Eu VOU à praia.
2 Eles LÊEM o jornal.
3 Mariana BEBE muito.
4 Eles VÊM cedo para casa.
5 Nós VAMOS de carro para a praia.

Exercício 13

1 Lucas foi ao Rio de Janeiro.
2 Marcos leu duas revistas ontem.
3 Meus avós vieram para a festa do Gabriel.
4 Vinícius enviou o convite.

Unit 5

Exercício 1

1 NÃO / 2 SIM / 3 NÃO / 4 SIM / 5 SIM

Exercício 2

1 europeia / 2 camdoblé / 3 século XIX / 4 celebrado *or* festejado / 5 espalhou/incorporou

Exercício 3

1 Simple Past (Pretérito Perfeito) / 2 (a) instituir (b) surgir (c) consagrar (d) vir (e) espalhar (f) incorporar (g) transformar / 3 (a) institui (b) surgem (c) consagram (d) vêm (e) espalha (f) incorpora (g) transforma

Exercício 4

1 foi / 2 viajavam / 3 são / 4 era / 5 jogavam / 6 recebeu / 7 tinha; pulava

Exercício 5

1 Eu ia à Espanha quando era adolescente. / 2 Eu gostava de viajar quando era jovem. / 3 Cristiane telefonava enquanto cozinhava. / 4 Davi era jovem quando eu nasci.

Exercício 6

1 Quando eu era criança, eu ia para o Carnaval do Rio de Janeiro e dançava muito samba. / 2 Durante minha adolescência, eu saia e bebia para festejar o Ano Novo. / 3 Quando eu era pequena, eu sempre comprava um par de sapatos de presente para meu pai no dia dos pais. / 4 No Dia das Mães, eu e minhas irmãs sempre fazíamos um pudim de leite condensado para minha mãe. / 5 Nas férias de verão, meus amigos viajavam para a praia do litoral capixaba. / 6 Durante nossa infância, comíamos bacalhau e escondíamos ovos de chocolate na Páscoa. / 7 No feriado de independência, a gente punha bandeiras nas janelas e assistíamos o desfile militar.

Exercício 7

1 *F* (Ana e Roberto dançavam quadrilha quando estavam na ESCOLA PRIMÁRIA.) / 2 *V* / 3 *V* / 4 *V* / 5 *F* (ROBERTO usava chapéu de palha) / 6 *F* (Ana USAVA vestidos de chita.) / 7 *V*

Exercício 8

(a) prestam / (b) era / (c) comemorava / (d) era / (e) passou / (f) deram / (g) fez / (h) fazem / (i) estão

Exercício 9

1 Eu tinha 17 anos quando eu fui para o Carnaval de Pernambuco sozinho. / 2 Eu dancei forró ontem à noite. / 3 Meus pais sempre preparavam comidas típicas de Festa Junina para o aniversário de minha avó. / 4 Quando eu era criança, I gostava de Festas Juninas, agora eu gosto de Carnaval. / 5 Eu dançava xote enquanto Roberto fazia pé-de-moleque. / 6 Eu conversava com meu irmão quando

minha mãe chegou. / 7 Todo ano, eu e meus amigos viajávamos juntos para aproveitar o Carnaval no Rio.

Exercício 10

(a) Dia de Ação de Graças / (b) Véspera de Natal / (c) Ano Novo / (d) Carnaval / (e) Páscoa / (f) As Festas Juninas

Exercício 11

1 No Carnaval a ocupação dos hotéis é maior que no Natal. / 2 No Dia das Mães a venda de cerveja é maior que na Páscoa. / 3 Na Páscoa o número de pessoas que chega ao Brasil é menor que no Ano Novo. / 4 No Dia das mães a venda de passagens aéreas é igual ao Dia dos Pais. / 5 No Natal os hotéis ficam tão ocupados quanto nas Festas Juninas. / 6 Nas Festas Juninas não se vende tanta cerveja quanto no Carnaval. / 7 No Carnaval o número de pessoas que chega ao Brasil é maior que no Ano Novo / 8 Os hotéis ficam menos ocupados no Natal que no Ano Novo. / 9 No Dia das Mães a venda de passagens aéreas é menor que no Natal.

Exercício 12

(3) / (2) / (4) / (1)

Exercício 13

Quando eu <u>vi</u> seu pai seu pai pela primeira vez me <u>apaixonei</u>. Mas nunca <u>pensei</u> que <u>íamos </u>passar tantos Dias dos Namorados juntos. Depois que nos<u> casamos</u> nunca <u>passamos </u>um feriado separados. Nós sempre nos <u>pulávamos</u> Carnaval juntos,<u> íamos </u>às festas de Ano Novo com nossos amigos e <u>celebrávamos</u> o Natal em família. No dia 24 de dezembro, na véspera de Natal <u>ceávamos</u> com os seus avós maternos e o dia 25 de dezembro, o Natal<u>, trocávamos</u> presentes com seus avós paternos. O dia dos namorados<u> era</u> sempre muito romântico com flores, bombons e joias. Seu pai também nunca se <u>esquecia </u>do meu aniversário e do nosso aniversário de casamento.

Éramos muito felizes. Neste ano ele se esqueceu de todas as datas comemorativas, não escreveu nenhum cartão no dia dos Namorados. Nem me telefonou no nosso aniversário de casamento. Agora ele disse que quer passar o Carnaval e o Ano Novo com os amigos porque tem saudade da sua vida de solteiro. Eu fiquei muito triste, mas não pude fazer nada. No futuro, vou planejar meus feriados com meus filhos e amigos.

Script: Exercício 12

1   O Natal é celebrado pelos países cristãos. Nos Estados Unidos as pessoas não celebram a véspera do Natal, mas trocam os presentes na manhã do dia de Natal.

2   Para os portugueses a Páscoa é um dia especial para visitar os padrinhos e madrinhas.

3   No Ano Novo dinamarquês as pessoas quebram os pratos e os copos à meia-noite.

4   No Carnaval do Brasil, as pessoas dançam e bebem por muitos dias consecutivos.

Unit 6

Exercício 1

1 Anderson não está sentindo-se bem. / 2 Ele tem febre, dor de cabeça, dor de garganta e ele está tossindo muito. / 3 O médico o aconselhou a beber muita água e tentar se alimentar melhor. / 4 Anderson não gostou do médico. / 5 Eduardo se preocupou com o amigo pois o time de futebol precisa dele no sábado.

Exercício 2

1 Ela tem dor nas costas. / 2 Ela tem dor de cabeça. / 3 Ele tem dor de dente. / 4 Ela têm dor de barriga.

Exercício 3

Problemas de saúde	*Pessoas*
1. dor nas costas	(8) Ernani está com
2. dor de garganta	(2) Carlos está com
3. dor de estômago	(6) Pedro está com
4. saudável	(3) Lia está com
5. a perna quebrada	(1) Sra. Rosa está com
6. dor de ouvido	(4) Marlene está
7. gripe	(7) Estevão está com
8. alergia ou resfriado	(5) Robson está com

Exercício 4

1 Dr. José e Jane estão conversando. Eles estão saudáveis. / 2 Ernani está espirrando. Ele está com gripe. / 3 Lia está chorando. Ela está com dor de estômago. / 4 Robson está chegando. Ele está com a perna quebrada.

Exercício 5

1 A Marlene não está sentindo nada. / 2 O Pedro está chorando de dor de ouvido. / 3 O Estevão está espirrando / 4 Marlene está esperando os resultados de seus exames. / 5 Dr. José e a Jane estão revendo o horário / 6 O Robson está usando uma muleta.

Exercício 6

1 **I** / 2 **C** / 3 **C** / 4 **C** / 5 **C**

Exercício 7

Not applicable.

Exercício 8

1 Mais da metade dos brasileiros não pratica exercícios físicos. /
2 Tanto os homens quanto as mulheres estão sedentários. / 3 O estudo
mostra que as mulheres são mais sedentárias do que os homens. /
4 A renda está relacionada à falta de exercício da pessoa.

Exercício 9

PROBLEMAS DE SAÚDE: pés inchados; insônia; dor de cabeça;
tosse

PARTES DO CORPO: queixo; garganta; costas; pescoço

REMÉDIOS: aspirina; vitamina C; gelo; compressa de água quente;
chá quente; antialérgico; leite quente; fisioterapia; alongamento

Exercício 10

1 Deve fazer uma dieta. / 2 Devemos fazer alongamento e exercícios. /
3 Devo fazer yoga. / 4 Devem ir ao médico. / 5 Deve comer mais carbo-
hidratos. / 6 Deve tomar chá de camomila.

Exercício 11

Pacientes	Problemas de saúde (health problems)	Medicamento (receita médica) (prescription)	Conselhos do médico (advices)
Maria	Dor de cabeça	**PARACETAMOL**	**BEBER MUITA ÁGUA**
Rosa	Dor de **DOR DE GARGANTA** E **FEBRE**	Antibiótico/duas vezes ao dia.	Tomar sopa quente
Luís	Dor de **ESTÔMAGO**	Uma **PASTILHA** de 8 em 8 horas.	**TOMAR SORO CASEIRO**
Gabriel	Dor de **OUVIDO** e **TOSSE**	**ANTIBIÓTICO / DUAS VEZES AO DIA.**	

Exercício 12

1 Ela foi à farmácia. / 2 Porque parou de fazer exercícios. / 3 O farmacêutico/vendedor receitou os remédios para ela.

Exercício 13

1 saudável / 2 farmácia. / 3 comprimidos / 4 marcar uma consulta / 5 pronto socorro / 6 enfermeira; medico / 7 exames / 8 problemas; efeitos colaterais; / 9 (Not applicable) / 10 atestado / 11 receita médica / 12 melhorar

Exercício 14

(a) Tenho uma dor de cabeça insuportável. Parece uma enxaqueca. (2)

(b) Hoje eu acordei gripado. Preciso ver se tenho febre. (6)

(c) Mal posso andar. Tenho dores no tornozelo e calcanhar direitos. (4)

(d) Eu estou com náusea e dor de barriga. (3)

(e) Tenho muita dor de ouvido. Preciso procurar um médico. (5)

(f) Minha garganta está doendo muito. Tenho que comprar pastilhas. (1)

Exercício 15

Open answers.

Unit 7

Exercício 1

1 certo / 2 errado / 3 certo / 4 errado / 5 errado / 6 errado

Exercício 2

A: esqueci / **B:** Not applicable / **C:** se lembrou / **D:** me esqueci / **E:** se alimentado / **F:** se preocupe; me cuidar / **G:** se casou

Exercício 3

1   Ela estava lendo uma revista quando o seu chefe chegou no escritório.
2   O filho estava assistindo televisão quando a sua mãe chegou do trabalho.
3   A esposa estava cozinhando quando o marido chegou em casa.
4   Eles estavam conversando quando no parque o acidente aconteceu.

Exercício 4

1 estresse / 2 comer, dormir, divertir-se / 3 apetite, sono, alegria / 4 Tudo / 5 relaxar

Exercício 5

(3) to make [someone]

(1) to stop doing something

(7) to trigger feelings

(4) to abandon

(2) to leave a place

(5) to allow

(6) to authorize

Exercício 6

	Antônio	Pedro
Problemas	Nervosismo, impaciência, perda de cabelo, falta de apetite, falta de bom humor, problemas nos negócios	Engordou 30 quilos, estresse no trabalho por causa de uma estagiária fofoqueira, perda de foco,
Sugestões (como lidar com o problema)	Tomar o metrô, caminhar mais e se livrar do tráfego. Talvez mudar de profissão	Demitir a estagiária, entrar numa academia e fazer uma dieta rigorosa. Talvez voltar a correr, praticar esportes ao ar livre

Exercício 7

Answers will vary. Possibilities:

1 Eu sempre **me sinto cansado** depois do trabalho.

2 Às vezes, eu **me estresso** durante as férias.

3 Eu nunca **me deito** à tarde.

4 Raramente **me queixo** de manhã.

5 Eu **me cuido** mal.

6 Quase nunca **me machuco**.

7 Eu **me alimento** rápido.

Exercício 8

1 Como essas pessoas (nas fotos acima) lidam com o estresse?

Foto 1. Ela come doces e guloseimas.

Foto 2. Ela corre na praia.

Foto 3. Eles saem para dançar.

2 Quais são as maneiras mais saudáveis de lidar com o estresse da vida moderna?

Open answers.

3 Quais são as maneiras menos saudáveis de lidar com o estresse da vida moderna?

Open answers.

4 O que você faz quando está estressado?

Open answers.

Exercício 9

Answers will vary.

Exercício 10

Answers will vary
  Here are a few possibilities:

1 Você tem dificuldades para dormir?

Eu nunca me deito cedo.

2 Você anda sem apetite e se sente mal quando come?

Me alimento bem todos os dias.

3 Você se sente incapaz de controlar eventos importantes em sua vida?

Sempre me estresso com eventos importantes na vida.

4 Você em algum momento se sente mal, sem estar doente?

Me sinto mal somente quando fico doente.

5 Com que frequência você se sente irritado com amigos e familiares?

Não me sinto irritado com amigo e familiares.

6 Com que frequência você se sente incapaz de tomar decisões?

Não me sinto incapaz de toma decisões.

7 Com que frequência você se desinteressa pelas coisas ao seu redor?

Raramente me desinteresso pelas coisas ao meu redor.

Exercício 11

Eu não me dou bem com a Luciana. (dar-se bem com)	A Luciana
Eu dei cabo da minha depressão. (dar cabo de)	A depressão
Me dei mal com os comprimidos para dor. (dar-se bem com)	Os comprimidos
Meu chefe nunca dá as caras no escritório. (dar as caras)	No escritório
Ele seu deu mal na aula de capoeira. (dar-se mal)	A aula de capoeira
Não deu para começar a nova dieta hoje. (dar para)	A nova dieta

Ela deu a louca e espantou a solidão cantando. (dar a louca)	Solidão
Seu namorado deu um jeito de acabar com a tristeza dela. (dar jeito de)	A tristeza dela

Exercício 12

1   Tenho dor nos pés. / Fiquei com dor nos pés.
2   Tenho dor de garganta. / Fiquei com dor de garganta.
3   Tenho dor nas costas. / Fiquei com dor nas costas.
4   Tenho dor de barriga. / Fiquei com dor de barriga.
5   Tenho dor de estômago. / Fiquei com dor no estômago.
6   Tenho dor nas pernas. / Fiquei com dor nas pernas.
7   Tenho alergia. / Fiquei com alergia.

Exercício 13

Answers will vary. Possibilities:

A: Tudo bem, João? **B:** Não, quebrei o braço ontem. **A:** *Coitado! Você deve procurar um ortopedista.*	**I:** Que cara é essa? Aconteceu alguma coisa? **J:** Estou deprimido. **I:** *Você deve procurar um terapeuta.*
C: Você tem notícias da Márcia? **D:** Ela sofreu um acidente terrível! **C:** *Que triste!*	**G:** Estou tão triste! Minha irmã está muito doente. **H:** *Tomara que ela fique bem!*
E: Não posso te ouvir! **F:** Desculpa. É que estou com dor de garganta. **E:** *Você deve evitar gelado.*	**M:** Lucas caiu no banheiro. Agora tem dor nas costas. **N:** *Cotadinho! Ele deve tomar um analgésico e descansar.*

Script: Exercício 6

P: Antônio, quanta **olheira**!
A: Estou morto. Ando muito nervoso e impaciente com o trânsito desta cidade.

P: Imagino!

A: Mas não é esse o meu único problema, estou perdendo o cabelo, o apetite e o bom humor. Sem contar que os negócios **vão de mal a pior** com **a alta dos** preços dos imóveis está me enlouquecendo.

P: Você deve considerar uma mudança drástica em sua vida! Acho que você deve tomar o metrô, caminhar mais e se livrar do tráfego.

A: Impossível! Não posso usar o transporte público para mostrar imóveis para clientes.

P: O jeito vai ser mudar de profissão, Antônio!

A: Pedro! Quase não te reconheci! Quanto tempo!

P: Ninguém me reconhece mais, engordei 30 quilos.

A: Como? O que está te deixando assim?

P: O estresse daquela procuradoria do governo **me faz** tomar refrigerante, comer doces, salgadinhos e chocolate todos os dias. Além do mais, tenho uma estagiária nova que é insuportável e fofoqueira. Não sei mais o que fazer! Perdi o foco!

A: Sua solução vai ser demitir a estagiária, entrar numa academia e fazer uma dieta rigorosa.

P: Academia? Odeio academia.

A: Então volte a correr. Praticar esportes ao ar livre parecer ser uma ótima opção para quem quer se livrar do estresse.

Unit 8

Exercício 1

1. viajar / 2. ficar / 3. reserva / 4. preço / 5. Sampa.

Exercício 2

(2) vai viajar

(6) vamos nos divertir

(3) vão pagar

(5) vou comprar

(4) vai levar

(1) vai ligar

Exercício 3

1   Manuela **vai viajar**. Ela **vai** para Belém e **vai ficar** numa barraca por duas noites.

Manuela **viajar**á para Belém e **ficará** numa barraca por duas noites.

2   Marisa **vai viajar**. Ela **vai** para Paris e **vai ficar** numa pousada com seu marido.

Marisa **viajar**á para Paris e **ficará** numa pousada com seu marido.

3   Antônio **vai viajar**. Ele **vai** para Natal e **vai ficar** num albergue. Ele vai pagar R$ 45 (por dia).

Antônio **viajar**á para Natal e **ficará** num albergue. Ele pagará R$ 45 (por dia).

4   Carlos **vai viajar**. Ele **vai** para Madrid e **vai ficar** na casa de seus amigos por um mês.

Carlos **viajar**á para Madrid e **ficará** na casa de seus amigos por um mês.

5   Jussara e Ana **vão viajar**. Elas **vão** para Ouro Preto e **vão ficar** numa república com a turma.

Jussara e Ana **viajar**ão para Ouro Preto e **ficarão** numa república com a turma.

6   Eu **vou viajar**. Eu **vou** para São Paulo e **vou ficar** num hotel sozinha.

Eu **viajarei** para São Paulo e **ficarei** num hotel sozinha.

Exercício 4

1 Quando a gente VAI para Caraguatatuba? / 2 Onde vocês VÃO passar a férias? / 3 COM QUEM eles irão para a praia? / 4 Nós vamos viajar DE carro. / 5 Eu vou ir À pé. / 6 Eu IREI amanhã.

Exercício 5

1 Minha viagem SERÁ um sucesso.	SER
2 CHEGAREI/amanhã mais cedo.	IR
3 IREI ao Museu de Arte Moderna.	IR
4 FAREI a reserva no hotel 3 estrelas.	FAZER
5 Eles IRÃO para Gramado.	IR
6 Nós DIREMOS a verdade.	DIZER
7 Elas TRARÃO chocolate belga.	TRAZER
8 Vocês sempre FARÃO a mala em cima da hora.	FAZER

Exercício 6

1 CULTURAL, MOCHILEIROS / 2 AVENTURA / 3 GASTRONÔMICO / 4 ECOTURISMO / 5 CULTURAL (RELIGIOSO) / 6 ROMÂNTICO

Exercício 7

1 gastronômico / 2 romântico / 3 mochileiros / 4 ecoturismo / 5 cultural / 6 aventura

Exercício 8

Answers will vary.

Exercício 9

1 Quando / 2 Quanto / 3 A que / 4 Onde / 5 Quantas / 6 Por que

Exercício 10

Answers will vary. Possibilities:

Qual é a forma de pagamento mais segura? / Como posso pagar? / Qual é o tipo de hospedagem mais econômico? / Como são as suítes de luxo? / Quanto custa o quarto duplo? / Onde fica o hotel? / Quais são as atrações turísticas mais populares da área? / Onde ficam os restaurantes mais próximos? / A que horas sai o voo de ida? / A que horas chega o voo de volta?

Exercício 11

1 I / 2 C / 3 C / 4 I / 5 I

Exercício 12

POSSO	Pr1	AJUDAR	I	QUERO	Pr2
RESERVAR	I	FALO	PR2	TEMOS	Pr1
SÃO	Pr1	POSSO	PR1	VER	I
PRECISA	Pr2	SER	I	SOMOS	Pr1
TEMOS	Pr1	É	Pr1	INCLUI	Pr1
ESTÁ	Pr1	PODE	Pr1	SER	I
FEITO	G	TEM	Pr1	SER	I
PAGAR	I	EFETUAR	I		

Exercício 13

1 Que tipo de quarto a Sara procura?
2 Qual é o preço da diária?
3 O que a diária inclui?
4 Com quem a Sara vai conversar?
5 Quando Sara e Mateus querem viajar?
6 Onde fica a agência Quatro Estações?

Script: Exercício 14

Fortaleza oferece tudo o que você imagina em matéria de turismo, compras, negócios e lazer. O Hotel Praia de Iracema localiza-se no coração da Praia de Iracema próximo a cinemas, teatros, shopping-centers, restaurantes, bares, boates, centros culturais e as melhores praias. Os apartamentos oferecem uma decoração leve e aconchegante, equipados com novos aparelhos de ar condicionado, camas confortáveis, TV a cabo, frigobar, banho quente e frio, rádio relógio, telefone e música ambiente. O Hotel Praia de Iracema oferece também um variado café da manhã e dispõe de uma varanda com piscina, tornando sua estadia ainda mais prazerosa em nossa cidade.

1 **C** / 2 **I** / 3 **I** / 4 **I** / 5 **C**

Exercício 15

Answers will vary.

Unit 9

Exercício 1

1 **I** / 2 **C** / 3 **C** / 4 **I** / 5 **C**

Exercício 2

2

Exercício 3

1ª conjugação (AR)	2ª conjugação (ER)	3ª conjugação (IR)
verifique – verificar	escolha – escolher	exija – exigir
opte – optar	encha – encher	peça – pedir
cadastre – cadastrar		
pague – pagar		
observe – observar		
atrase – atrasar		
dê – dar		

Exercício 4

Answers vary.

Exercício 5

Not applicable.

Exercício 6

Ônibus	Vantagens	Desvantagens
	circular de ônibus é bom e fácil	não tem todo o conforto
	você pode economizar	

Carro	Vantagens	Desvantagens
	a cidade é bem sinalizada	difícil dirigir na cidade
		engarrafamentos

Taxi	Vantagens	Desvantagens
	boa opção para noite	não é barato
	te leva para as áreas mais distantes	

Exercício 7

Answers vary.

Exercício 8

1 I / 2 C / 3 C / 4 I / 5 C / 6 C

Exercício 9

1 tome / 2 traga / 3 vá / 4 chegue / 5 esteja / 6 seja / 7 confie

Exercício 10

1 ND / 2 ND / 3 D / 4 D / 5 ND / 6 D

Exercício 11

Tipo de transporte:	ônibus
Destino:	Porto Seguro
Horário da Viagem:	5:00
Data da ida:	11 de abril
Data da volta:	25 de abril
Duração:	14 horas
Preço:	R$ 387

Exercício 12

1 para / 2 para / 3 para / 4 por favor / 5 para / 6 para, por favor / 7 para, por / 8 para / 9 por / 10 por / 11 por isso / 12 para / 13 para / 14 por, para um / 15 pelo / 16 pelo menos

Exercício 13

Suggested answers:

1   As ciclovias tornaram-se sinônimo de civilidade e um símbolo da esperança de que a vida urbana pode ser mais simples e prazerosa.

2 São Paulo, a maior cidade brasileira, está implantando uma extensa rede de faixas exclusivas para ciclistas.

3 O que ficou demonstrado é que a empatia geral pelas bicicletas não se converte instantaneamente em adesão ao transporte sobre duas rodas.

Script: Exercício 8

Em 2014, durante a minha última viagem para Salvador eu visitei o Pelourinho sozinha e muitas coisas horríveis aconteceram. Roubaram minha câmera fotográfica, serviram caipirinha sem cachaça, me deram o troco errado no restaurante, fui vítima de fraude no Banco, namorei um rapaz casado, paguei uma diária a mais no hotel porque cheguei atrasada, o motorista do taxi ficou perdido em Itapuã e no final, eu perdi o meu voo de volta para o Rio de Janeiro, perdi minha bagagem e ainda por cima fiquei 10 horas no aeroporto.

Script: Exercício 10

Sara, da próxima vez que você visitar Salvador.

Guarde bem a sua máquina fotográfica.

Pegue ônibus.

Evite pegar taxi.

Pague a conta do restaurante com dinheiro.

Volte ao Pelourinho.

Não use o seu cartão de débito ou crédito.

Leve um namorado com você.

Alugue um carro para visitar os lugares mais distantes.

Escolha melhor o seu hotel.

Verifique as regras do hotel onde vai se hospedar.

Leve uma bagagem de mão apenas.

Unit 10

Exercício 1

1 I / 2 I / 3 C / 4 I / 5 C

Exercício 2

1　Elas se encontraram para ver um filme.

2　A Mônica se irritou com a Flávia porque ela se atrasou e elas não encontraram mais ingressos para o cinema.

3　A Mônica pediu para a Flávia avisar quando estiver atrasada.

4　A Mônica decidiu ir sozinha.

5　Personal answer.

6　Personal answer.

Exercício 3

1 (5) / 2 (7) / 3 (2) / 4 (4) / 5 (3) / 6 (8) / 7 (1) / 8 (6)

Exercício 4

1 C / 2 C / 3 I / 4 I / 5 C / 6 C

Exercício 5

3 (x) hipóteses

Exercício 6

(3) / (1) / (2)

Exercício 7

(1) / (3) / (2) / (7) / (3) / (3) / (5) / (3) / (3) / (2) / (4) / (6)

Exercício 8

1 Se tiver …

2 Se ficarmos …

3 Se virmos

4 Quando eu me formar

5 Se eles estiverem

6 Se eu for

    (3)   aprenderemos mais sobre a cultura indiana.

    (6)   assistirei a todos os jogos de vôlei de praia

    (2)   comprará uma casa na praia.

    (4)   conseguirei um emprego melhor.

    (5)   viajarão para a Islândia.

    (1)   verei o concerto da Madonna.

Exercício 9

1 começarem / 2 ligar / 3 gostar / 4 der / 5 tiverem / 6 disser

Exercício 10

Answers vary.

Exercício 11

(a) Conseguir / (b) for / (c) tiver / (d) puderem

Exercício 12

1 Se Carlos quiser …

2 Quando a Sônia vier …

3 Se a Ana Paula quiser …

4 Se a Julieta estiver …

5 Quando o Henrique pedir …

6 Se a Alisson e a Lisa estiverem …

Exercício 13

Personal answers – answers vary.

Exercício 14

ZÉ: Você <u>comprou</u> os ingressos para os jogos olímpicos no Rio em 2016?
PEDRO: Os ingressos ainda não <u>estão</u> à venda!
ZÉ: Claro que estão! Eu não <u>sei</u> quais são os preços ainda.
PEDRO: Mas mesmo assim já <u>decidiu</u> ir?
ZÉ: Claro! Não <u>perco</u> os jogos de vôlei de praia.
PEDRO: Quando você <u>souber</u> os preços dos ingressos, por favor, me avise.
ZÉ: Quer dizer que você <u>vai</u> comigo?
PEDRO: Se eu <u>tiver</u> dinheiro, irei.

Exercício 15

1 **C** / 2 **I** / 3 **I** / 4 **C** / 5 **C**

Script: Diálogo 3

ZÉ: Você **comprou** os ingressos para os jogos olímpicos no Rio em 2016?
PEDRO: Os ingressos ainda não **estão** à venda!
ZÉ: Claro que estão! Eu não **sei** os preços ainda.
PEDRO: Mas mesmo assim já **decidiu** ir?
ZÉ: Claro! Não **posso** perder os jogos de vôlei de praia.
PEDRO: Quando você **souber** os preços dos ingressos, por favor, me avise.
ZÉ: Quer dizer que você **vai/irá** comigo?
PEDRO: Se eu **tiver** dinheiro suficiente, irei.

Script: Exercício 3

LEONARDO: Você disse que queria sair hoje.
FLÁVIA: Verdade! Quero! Mas eu só vou se você <u>for</u> comigo. Não gosto de sair sozinha.
LEONARDO: Não tenho tempo hoje. Podemos ir amanhã?

FLÁVIA:	Podemos, se eu não <u>tiver</u> nada melhor para fazer.
LEONARDO:	Como assim?
FLÁVIA:	Estou brincando!
LEONARDO:	Ah tá! Ligue mais tarde para combinar.
FLÁVIA:	Quando eu <u>ligar</u>, por favor atenda.

Script: Exercício 15

■ Ingressos para os Jogos Rio 2016 – participe!

Bem-vindo ao Programa de Ingressos para os Jogos Rio 2016. Aqui, você encontrará as informações que precisa saber para ver de perto o maior evento esportivo do planeta!

■ Cadastre-se

O cadastramento é o primeiro passo para você se conectar com todas as informações sobre como fazer parte do Rio 2016, os primeiros Jogos Olímpicos da América do Sul. Ao enviar seus dados pessoais, você terá a garantia de estar sempre atualizado com as mais recentes notícias sobre o Programa de Ingressos e saberá com antecedência as principais datas e instruções para participar das fases de sorteios e de vendas das entradas para os Jogos. Escolha também receber as notícias dos Jogos Rio 2016 e dos nossos parceiros se você quiser ficar por dentro dos eventos que acontecerão daqui até 2016, como as competições-teste do Aquece Rio, o Revezamento da Tocha Olímpica e as Olimpíadas Culturais. Preencha agora mesmo o formulário e entre no clima dos Jogos!

(Fonte/Source: https://ingressos.rio2016.com/rio2016.html?affiliate=OGS)

Unit 11

Exercício 1

1 **I** / 2 **I** / 3 **C** / 4 **C** / 5 **I**

Exercício 2

Personal answers.

Exercício 3

tenha / possam / faça / queiram

Exercício 4

1   O Sul do Brasil apresenta um clima subtropical.
2   O clima tropical é especialmente predominante na região Centro-Oeste
3   A escassez de chuva é um problema típico do Nordeste.
4   A floresta Amazônica sofre influência do clima equatorial.

Exercício 5

O clima no Norte: Equatorial

O clima no Nordeste: Tropical e Semi-árido

O clima no Centro-Oeste: Tropical

O clima no Sudeste: Tropical e Tropical de altitude

O clima no Sul: Subtropical

Exercício 6

1 (4) / 2 (1) / 3 (5) / 4 (3) / 5 (6) / 6 (7) / 7 (2)

Exercício 7

Saiba previsão do tempo em São Paulo!			
Dias da semana Temperatura °C:	*Manhã*	*Tarde*	*Noite*
Segunda-feira 8 de abril Mínima: 24 Máxima: 35	Ensolarado nublado chuvas	pancadas chuva.	chove temperatura

Terça-feira 9 de abril Mínima: 23 Máxima: 32	sol nuvens	-----	chovendo
Quarta-feira 10 de abril Mínima:18 Máxima: 35	seco escurece húmido	-------	céu tempestades

Exercício 8

A: chova
B: faça / esteja / tenhamos
C: chegue

Exercício 9

1 (3) / 2 (5) / 3 (6) / 4 (7) / 5 (4) / 6 (1) / 7 (2)

Exercício 10

1 (3) / 2 (5) / 3 (2) / 4 (4) / 5 (1)

Exercício 11

1 No inverno / 2 Personal answers / 3 Personal answers

Exercício 12

1   Capoeira significa o mato que nasce depois do desmatamento.

2   Cantar, dançar e tocar instrumentos faz da Capoeira uma modal-
    idade única de "arte marcial".

3   Capoeira foi proibida porque os escravos utilizavam-na como
    forma de defesa pessoal, e isto poderia trazer problemas para
    aqueles que se consideravam seus senhores.

4   Além do berimbau, o atabaque, o reco-reco, o pandeiro e o agogô
    fazem parte da roda de Capoeira.

Script: Exercício 7

Boa tarde! Vamos conferir a previsão do tempo para:

Na segunda-feira, a mínima é de 24 e a máxima de 35 graus. O dia amanhece ensolarado e fica nublado à tarde com a pancadas de chuvas fracas. A tarde continua ensolarada com pancadas de chuvas isoladas na região sul da cidade. Já à noite chove muito. Prepare o cobertor porque a temperatura cai consideravelmente.

Na terça-feira, os paulistanos verão o sol. A temperatura mínima é de 23 e a máxima de 32 graus centígrados. A manhã começa com muito sol e poucas nuvens. A tarde, não deixe o guarda-chuva em casa, a previsão é de muita chuva na capital paulista e a noite continua chovendo por toda a cidade.

A quarta-feira vai ser um dia seco. A temperatura mínima é de 18 e a máxima de 35 graus. O sol chega cedo, mas logo escurece. Muitas nuvens no céu, mas a tarde continua linda em Sampa. A noite segue com o céu encoberto e sem possibilidades de tempestades.

Unit 12

Exercício 1

1 mala / 2 etiqueta / 3 aeroporto / 4 roupas / 5 às compras / 6 é comigo mesmo

Exercício 2

1 I / 2 I / 3 C / 4 C / 5 C

Exercício 3

PP / I / I / FS / PP / PI / C

Exercício 4

1 pediria / 2 traria / 3 iria / 4 poderia / 5 seria / 6 solicitaria / 7 compraria / 8 queria / 9 perderia / 10 diria

Exercício 5

1 **C** / 2 **C** / 3 **I** / 4 **C** / 5 **C** / 6 **C** / 7 **I** / 8 **C**

Exercício 6

Suggested answers:

1 Carolina pagará uma taxa se mudar o horário do voo.
2 Se etiquetar a mala devidamente ela não será perdida
3 Quando a cliente falar com o supervisor …
4 Giovana ficará triste se tiver que fazer compras durante a viagem.
5 Quando as clientes forem mais educadas, a atendente será mais gentil.
6 O cliente ficará contente se receber mais um formulário.

Exercício 7

9 cinto / 10 cachecol / 11 chapéu / 12 blusa de frio / 13 colar / 14 calças / os jeans / 15 saia

Exercício 8

Personal answers.

Exercício 9

3 / 1 / 2

Exercício 10

1 Eu queria um desconto.
2 Vou pagar à vista.
3 Gostaria de experimentar essa blusa amarela.
4 Poderia trazer uma calça maior para mim?
5 Você tem esta saia em tamanho médio ou pequeno.
6 Meus sapatos ficaram pequenos.
7 Este terno ficou muito largo e muito curto.

Exercício 11

I – Aqui só vendemos à vista.

II – Você quer uma 44?

III – Você gostaria de experimentar? / Quer provar?

IV – Só temos listrados / *ou* não temos nada xadrez neste momento.

Exercício 12

Mala do Antônio 1	Mala da Patrícia 2	Mala da Maria 3	Mala do Pedro 4
Camisas de manga longa	Óculos escuros	Um vestido	Um casaco
Jaqueta	Calças jeans	Duas bermudas	Chapéu
Bermuda listrada	Camisetas	Uma saia	Jaqueta de couro
Duas calcas	Vestido de seda	Camiseta	Duas calças de algodão
Bonés	Salto alto	Dois shorts	Pijama e meias quentinhas
Três pares de meias	Tênis	Biquíni	Cachecol

Exercício 13

B: Eu a fiz

D: Giovana as perdeu.

F: Carolina vai comprá-los.
H: Vamos vê-lo.

Exercício 14

1   Joana deu-lhe o ingresso.
2   Marcos lhe contou o segredo.
3   Alex comprou-lhe uma nova mochila.
4   Eles nos explicaram o problema.
5   Você me telefonou.

Script: Exercício 5

Carolina, estou te ligando para te dar algumas sugestões: Preste atenção!

Compre uma mala mais resistente

Não coloque coisas líquidas na bagagem de mão

Ligue para confirmar a reserva do hotel

Avise aos seus pais que precisamos de carona para o aeroporto

Tome café da manhã antes de sair

E, por favor, não se atrase amanhã! Seria muito bom que você ouvisse esta mensagem e me ligasse mais tarde. Beijo.

Script: Exercício 9

Marcelo e Joana são apresentadores do programa de TV – *O esquadrão de moda*. Eles estão sempre muito bem vestidos. Na segunda-feira, Marcelo usou um blazer e uma camisa branca, Joana colocou um cardigã colorido e uma blusa verde.

Na terça-feira Joana estava usando um colar azul e um vestido branco. Ela acertou nos acessórios ao escolher um cinto marrom. Marcelo também usava um cinto marrom e um relógio.

No episódio de quarta-feira, Joana usou um sapato de salto alto, e um terno pretp. O Marcelo usou uma blusa de frio. Uma de suas clientes usava vestido de renda e salto e a outra uma calça, camiseta e chinelo.

Script: Exercício 12

Patrícia, Maria, Antônio e Pedro estão deixando São Paulo amanhã à noite. Maria vai curtir as pelas praias de Búzios. Ela está levando biquínis coloridos, camiseta branca, um vestido listrado, duas bermudas de linho, uma saia e dois shorts xadrez. O Pedro está indo para a Inglaterra. Ele precisa levar sua jaqueta de couro, seu cachecol, um casaco, duas calças de algodão, seu pijama de flanela e meias quentinhas. Ele nunca esquece seu chapéu porque todos dizem que ele fica muito charmoso com seu chapéu preto. Como está sempre chovendo na Inglaterra, Pedro não pode se esquecer das botas. A Patrícia está indo para Nova Iorque. Ficará 4 dias lá e depois visitará Los Angeles. Para seus dias em Nova Iorque ela vai precisar de umas calças jeans, umas camisetas, um vestido de seda bem chique, sapato de salto alto para ir à ópera, seus óculos escuros e tênis para o passeio no Central Park. O Antônio vai visitar a Amazônia durante o verão. Vai precisar se proteger bem para não ter problemas com insetos e com o sol. Ele colocou dois bonés, três pares de meias, duas calças jeans, uma bermuda listrada, camisetas lisas de manga longa e uma jaqueta para proteger da chuva.

Unit 13

Exercício 1

(a) água mineral / (b) refrigerante / (c) planeta / (d) poluiriam / (e) plástico / (f) iniciativa / (g) carro

Exercício 2

(c) hipóteses/desejos

Exercício 3

3 / 1 / 2

Exercício 4

1 queria / fosse
2 gostaria / explicasse

3   sugeriram / fôssemos

4   poluíam / fossem

5   era / começassem

Exercício 5

(a) responsabilidade / (b) consumo / (c) qualidade / (d) poluentes / (e) tóxicos / (f) meio-ambiente / (g) eletrodomésticos / (h) reciclagem / (i) diminuir / (j) aquecimento global / (k) poluição

Exercício 6

Personal/open-ended.

Exercício 7

1   fosse/economizaríamos

2   pegasse/gastaria

3   usasse/evitaria

4   tomasse/ajudaria

5   trocasse/cortaria

Exercício 8

Not applicable.

Exercício 9

1 **I** / 2 **C** / 3 **C** / 4 **I** / 5 **C**

Exercício 10

Leite =	712.5
Cerveja =	5
Carne =	17100

Frango =	3700
Batata =	132
Manteiga =	18000

Exercício 11

1 **C** / 2 **I** / 3 **C** / 4 **I** / 5 **I** / 6 **C** / 7 **C**

Exercício 12

Suggested answers:

1 **C**
2 Se a geladeira da Maria estivesse cheia ela não precisava ir ao supermercado.
3 **C**
4 Se a Rita não explicasse os seus motivos para a Maria, ela ficaria se sentindo culpada.
5 Os brasileiros não consumiriam materiais feitos de plástico se soubessem o mal que eles causam à natureza.
6 **C**
7 **C**

Translation Exercício 8

Myth or reality?

Washing the dishes or using disposable utensils? Many people would say that, in order to save water, the best alternative is not doing the dishes at home but, instead, to start using cups, plates and cutlery made of plastic. In big cities, several restaurants and bars have adopted disposable utensils in an attempt to diminish their impact on the water shortage. This plan has been implemented so these businesses would not lose clients. However, this is not the appropriate approach if we want to efficiently tackle the water shortage problem.

Specialists have demonstrated that it is a matter of simple math: the production and recycling of plastic utensils require a higher quantity of water than the amount that is necessary to wash the reusable utensils (glass, metal, pottery, etc.). Now we know that doing the dishes in a conscientious way is always the best option. Especially when we remember that it takes 3.5 liters of water to manufacture only one plastic cup, while washing a cup takes 500 ml of water at the most.

Based on: http://noticias.uol.com.br/meio-ambiente/ultimas-noticias/

Could recycling save the world?

No! Not really. When we recycle, we reduce the amount of trash in the dumping grounds, avoiding the pollution of the air and soil; we also help reduce the quantity of raw materials that could be extracted for the production new materials, and we contribute to small communities such as co-ops and trash pickers. However, the truth is that recycling is not the solution. If we want to protect our natural resources and preserve the planet, we need to act according to the 3 "R"s rules: reduce the quantity of residues; then, reutilize all materials to the point they serve no other use and, finally, recycle.

Based on: http://www.ecodesenvolvimento.org/noticias/verdades-e-mitos-sobre-a-reciclagem#ixzz3eTncHsAm

Script: Exercício 10

Quanto de água potável precisamos para produzir itens básicos que consumimos no dia-a-dia?

Nada como pão quentinho com manteiga de manhã, não é? Mas você sabia que para fazer cada quilo de manteiga gastamos 18 mil litros de água? Fica um pouco mais complicado quando pedimos queijo! Muita água potável é utilizada para acrescentar aquele queijo no seu sanduíche … pesquisa revela que são necessários 5280 litros de água para fazer um quilo de queijo. Perdendo para os derivados do leite, vem a carne – a cada quilo de carne, usamos 17100 litros de água. Parece que ser vegetariano é ser amigo do nosso planeta!

O que surpreende de verdade é que beber e comer nos bares parece melhor melhor para o meio-ambiente: gastamos apenas 5 litros e meio de água para fazer um litro de cerveja e 132 litros para produzirmos um quilo de batatas. É uma pena que não dê para viver de batata frita e cervejinha gelada!

Unit 14

Exercício 1

1 I / 2 I / 3 C / 4 I / 5 C / 6 C

Exercício 2

(d/b) / (c/e) / (g) / (a) / (f)

Exercício 3

1   trabalharem mais
2   falarmos (falar) a verdade
3   para lerem muito
4   dizer a verdade (ou) não mentir
5   eliminar (or) eles eliminarem os problemas de exclusão digital
6   eles porem menos informações pessoais

Exercício 4

(a) prestar / (b) observar / (c) começar / (d) ler / (e) ler / (f) escrever / (g) editar / (h) ter / (i) acabar / (j) concluir

Exercício 5

(a) usuários / (b) acessam / (c) entram na internet / (d) conexões / (e) banda larga sem fio / (f) publicados / (g) disponibilizadas / (h) blog / (i) sites

Exercício 6

1 informar	(7) o meu blogue
2 baixar	(9) um e-mail
3 responder	(3) sua mensagem
4 solucionar	(5) na internet
5 entrar	(6) a informação
6 conferir	(1) o nome do usuário
7 criar	(8) o formulário
8 preencher	(4) o problema de acesso
9 receber	(10) uma senha
10 alterar	(2) os meus arquivos

Exercício 7

(a) mensagem / (b) escritoriossujos@raridade.com.br / (c) virtual / (d) instalar / (e) reiniciar / (f) perfil / (g) senha / (h) enviar / (i) comercial@ raridade.com

Exercício 8

1 formal

Exercício 9

Personal answers.

Exercício 10

A   Not applicable.
B
1   inadequada
2

E aí, Helena, beleza?

Tenho uma consulta médica segunda-feira e estou escrevendo rapidinho para dizer que não vou dar as caras no escritório. Encaminho os relatórios de exportação em anexo. Depois a gente discute isso. Não deixe de me responder.

Beijinhos,

Lu

3 (b)

4 Not applicable.

5

Prezada Helena,

Escrevo para informar que não poderei comparecer à reunião que havíamos agendado para a próxima segunda-feira- 26 de maio.

Conforme solicitado, envio em anexo a cópia dos relatórios. Espero que possamos discuti-los em breve.

Muito obrigada pela compreensão.

Um abraço,

Luciana Couto

Gerente de Negócios Internacionais, GEOINT

Exercício 11

Not applicable.

Exercício 12

1 Recuperar a sua senha.

2 Instalar a nova versão do seu programa.

3 Reiniciar o seu computador.

4 Apagar (deletar) suas mensagens velhas.

5 Preencher o formulário.

6 Enviar em anexo.

7 Baixar os arquivos.

8 Comprar um pen-drive.

9 Melhorar sua conexão.

10 Limitar o tempo que você passa na internet.

Exercício 13

1 (d) / 2 (f) / 3 (a) / 4 (b) / 5 (c) / 6 (e)

Translation: A metade do Brasil está conectada!

Half of Brazil is connected

The fact that the internet is part of the life of Brazilians is unquestionable, and the consequences of its use have been widely discussed not only in Brazil, but also all around the world. The results of several studies have illustrated Brazilians' virtual lives and their undeniable consequences. Data from IBGE (Brazilian Institute of Geography and Statistics) have revealed that around 110 million Brazilians have access to the internet. If compared to other nations, Brazil appears to be the country with the fifth highest number of connections to the internet. Nowadays, it is possible to speculate that, in 2015, Brazil will be the fourth most connected country in the world, even surpassing Japan.

It is believed that socioeconomic and geographic aspects can define the virtual life of a Brazilian. A good example of this is the way in which racial issues are visible in the data. If we only consider Afro-Brazilian families, whose income is under the national average, the proportion of access drops from 45.3% (total population) to 13.3% (Afro-Brazilian population). Another factor to take into consideration is the link between internet access and the social level of the individual. Results show that among the poorest 10%, only 0.6% have access to the internet; among the richest 10%, this number rises to 56.3%. Moreover, age seems to be another determining element since some studies have revealed that young people between the ages of

16 and 25 access the web every day. Not only do the age, ethnicity, and social level determine the profile of the Brazilian internet users, but gender was also considered, and the numbers have revealed that around 58.7% of the internet users are women. And what is it that Brazilians are searching for online? Similar to other countries, Brazilians mostly search for music and video (80%); sports appear as the second most searched topic. Then, internet users are interested in product reviews (58%) and in politics (33%). Another interesting fact is that the use of cell phones to access the internet (66%) already competes with access through computers (71%); however, it is worth remembering that most of the access is done at *LAN houses* (internet cafés) and not at home. The research also reveals that 92% of internet users are connected through social networks such as Facebook.

Script: Exercício 5

Você sabia que ...

57,2 milhões de usuários acessam a Internet regularmente. 38% das pessoas acessam à web diariamente; 10% de quatro a seis vezes por semana; 21% de duas a três vezes por semana; 18% uma vez por semana. Assim, 87% dos internautas brasileiros entram na internet pelo menos uma vez por semana. A cada 2 segundos, 3 novas conexões são ativadas. Sistemas gratuitos de banda larga sem fio (Wi-Fi) funcionam nas orlas de Copacabana, Leme, Ipanema e Leblon, nos Morros Santa Marta e Cidade de Deus e em Duque de Caxias. A cada dia, 500 mil pessoas entram pela primeira vez na Internet e são publicados 200 milhões de tuítes; a cada minuto são disponibilizadas 48 horas de vídeo no YouTube; e cada segundo um novo blog é criado. 70% das pessoas consideram a Internet indispensável. Em 1982 havia 315 sites na Internet. Hoje existem 174 milhões.

Script: Exercício 7

Estou pasma! Recebi um e-mail bem estranho hoje de manhã. Fiquei super preocupada. Para começar o endereço era

escritoriossujos@raridade.com.br – A mensagem dizia:

Cara Antônia,

A partir de hoje a senhora vai perceber como é importante manter o seu escritório limpo e organizado. Isso pode te render uma fortuna! Ontem te fiz uma visita virtual. Sua sala parece uma livraria abandonada. A senhora sabia que existe um site que descreve, avalia e compra livros raros. Nele podemos averiguar a importância do tesouro literário que está acumulado em seu escritório. Percebemos que os seus livros podem literalmente tirar s senhora da sujeira!

Para isso a senhora precisa:

Visitar o nosso site, criar um perfil e um e-mail com uma senha bem segura, instalar o nosso programa, enviar o protocolo, e reiniciar o seu computador.

Quando você terminar, envie um e-mail para comercial@raridade.com com fotos dos seus livros e prova de que seu escritório está limpo e organizado, fique pronta para começar a receber sua fortuna.

Boa sorte!

Cordialmente,

A equipe da raridade.com

Estou apavorada... O que fazer!?

Reference grammar

Artigos – The articles

Artigos definido (definite articles) refer to specific nouns:

A (feminine singular)	**O** (masculine singular)	**the**
AS (feminine plural)	**OS** (masculine plural)	**the**

Artigo indefinido (indefinite articles) refer to nonspecific nouns:

UMA (feminine singular)	**UMAS** (feminine plural)	**a/an/some**
UM (masculine singular)	**UNS** (masculine plural)	**a/an/some**

Número e gênero do substantivo – The gender and number of nouns

Rules	Masculine	Feminine
Words ending in –ente, -ante or –ista are common to both **masculine** and **feminine** – we determine the gender of these words by adding a definite article (**a** or **o**). to pluralize these words, we add **–s**	o dentista o gerente o estudante aluno/alunos	a dentista a gerente a estudante aluna/alunas
Words ending in **–ama** , **–ema** are **masculine**	o programa o problema o cinema	Ø Ø Ø

| The majority of the words ending in −ão, − **dade** and −**agem** are **feminine** If the word ending in −ão is abstract it will be feminine (e.g. a emoção), but if it is concrete it will be masculine (e.g. o coração). | Ø Ø some exceptions: avião, pão, Japão, coração | a universidade a mensagem a nação |

Rules	*Examples:*	
Add −**s** to pluralize words ending in −**o**, -**a**, −**ente**, -**ante** or −**ista**	o **dent**ista o **ger**ente o **estud**ante o **alun**o a **alun**a	as **dent**istas as **ger**entes as **estud**antes os **alun**os as **alun**as
Add −**es** to pluralize words ending in **r** and **z**	professor**es** nariz/nariz**es**	professora/ professora**s**
Replace **m** with −**ns** to pluralize words ending in −**m**	viag**em**/viag**ens** Hom**em/** hom**ens**	
Most of the words ending in −ão will be changed to −ões	avião − avi**ões** milhão − milh**ões**	**Some exceptions:** cidadão − cidadãos pão − pães mãe − mães
To pluralize words ending in a**l, ol, el e ul** − drop the **i** and add −**is**	qual − quai**s** azul − azui**s** fiel − fiÉi**s**	**Some exceptions:** gent**il** − gent**is** fuz**il** − fuz**is**
To pluralize words ending in **il** − replace −**il** for −**eis** *(we place an accent on the syllable [vowel] that precedes this ending)*	farol − farÓi**s** difícil − difÍc**eis** fácil − fÁc**eis**	

Ponomes pessoais − The subject pronouns

eu	I	Eu sou <u>do</u> México./I am from Mexico.
tu	you	Tu és <u>de</u> Portugal. /You are from Portugal.
você	you	Você é <u>da</u> França./You are from France.

(continued)

(continued)

ela	she	Ela é <u>do</u> Brasil./She is from Brazil.
ele	he	Ele é <u>dos</u> Estados Unidos./He is from the USA.
elas	**they (fem.)**	Elas são <u>da</u> Argentina./They are from Argentina.
eles	**they (masc.)**	Eles são <u>da</u> China./They are from China.
nós	**we**	Nós somos <u>da</u> Irlanda. /We are from Ireland.
a gente	**we**	A gente é <u>da</u> Irlanda./We are from Ireland.

Although there are two forms (**tu** and **você**) of addressing someone informally, the pronoun **você** is the most commonly used. While in São Paulo, Minas Gerais and many other cities in Brazil **você** is preferred, in Porto Alegre, Rio de Janeiro and Belém, **tu** is favored. It is important to note that **nós** (*we*), in an informal context, has been replaced by **a gente**, which is grammatically singular and is used with verb conjugations belonging to the **você** form.

Preposições – The prepositions

The prepositions de *and* em

The preposition **de** means *from* or *of* and **em** means *in*, *at* or *on*. If they are followed by a definite or indefinite article, they should be contracted. Look at the examples below:

Eu sou [**de** + **o**] Brasil = Eu sou **do** Brasil.

Eu estou [**em** + **o**] Brasil = Eu estou **no** Brasil.

Ela é [**de** + **a**] Argentina = Ela é **da** Argentina.

Ela está [**em** + **a**] Argentina = Ela está **na** Argentina.

Nós somos [**de** + **os**] Estados Unidos = Nós somos **dos** Estados Unidos.

Nós estamos [**em** +**os**] Estados Unidos = Nós estamos **nos** Estados Unidos.

Preposições de lugar – Prepositions used to locate things

ao lado de = *next to*	debaixo = *under*
atrás = *behind*	dentro de = *inside*
do lado direito de = *on the right*	em cima de = *on top of*
do lado esquerdo de = *on the left*	em/à frente de = *in front of*

Pronomes possessivos adjetivos – The possessive adjective pronouns

Singular				Plural			
Masculino		Feminino		Masculino		Feminino	
meu	*my*	**minha**	*my*	**meus**	*my*	**minhas**	*my*
teu	*your*	**tua**	*your*	**teus**	*your*	**tuas**	*your*
seu	*your*	**sua**	*your*	**seus**	*your*	**suas**	*your*
dele	*his*	**dela**	*her*	**deles**	*his*	**delas**	*his*
nosso	*our*	**nossa**	*our*	**nossos**	*our*	**nossas**	*our*

Pronomes interrogativos – The interrogative pronouns

que/o que/a que?	*what? (what + is – to define things/ at what – to ask at what time)*
qual (quais)?	*which?*
quando?	*when?*
quanto (quanta)?	*how much?*
quantos (quantas)?	*how many?*

(continued)

(continued)

por que (porque)?	*why?*
como?	*how?*
quem? (de quem/com quem/para quem)	*who? (of whom; with who; to whom)*
onde? (de onde/para onde)	*where? (from where, to where)*

Pronomes demonstrativos – The demonstrative pronouns

Demonstrative pronouns are used to refer to people or things (this/these – that/those). In Portuguese, these demonstrative pronouns agree with nouns and adjective in gender and number. While **esse** and **aquele** vary in gender and number and follow a noun or an adjective, **isso**, **isto** and **aquilo** are neuter forms. Even though **isso**, **isto** and **aquilo** also mean *this* and *that*, they cannot be used interchangeably. **Isso, isto** and **aquilo** are used when we want to refer to an entity that is inanimate or not identified by name, to refer to "it" explicitly in a contextualized phrase.

English	Masculine singular	Masculine plural	Feminine singular	Feminine plural	Neuter
this	este	esse	esta	essa	isso
these	estes	esses	estas	essas	isto
that	aquele	aqueles	aquela	aquelas	aquilo

The demonstrative pronouns combined with the prepostion DE

English	Masculine singular	Masculine plural	Feminine singular	Feminine plural
	+de	+de	+de	+de
of/from this	deste	desse	desta	dessa
of/from this	disto	disso	–	–
of/from these	destes	desses	destas	dessas
of/from that	daquele	daqueles	daquela	daquelas

The demonstrative pronouns combined with the preposition EM

English	Masculine singular	Masculine plural	Feminine singular	Feminine plural
	+ em	+ em	+ em	+ em
in/on/at this	neste	nesse	nesta	Nessa
in/on/at these	nestes	nesses	nestas	Nessas
in/on/at that	naquele	naqueles	naquela	Naquelas

Examples:

Conheço esta festa tradicional. *I know this festival.*

Eu te disse isso antes. *I have said that before.*

Conheci aquele menino na festa. *I've met that boy at the party.*

Gosto [de + aquela] festa = Gosto daquela festa. *I like (of) that party.*

Conheci aquele menino [em + aquela] festa = Conheci aquele menino naquela festa. *I met that boy at the party.*

Pronomes reflexivos – The reflexive pronouns

Pronomes pessoais	Pronomes reflexivos	Reflexive pronouns
eu	me	myself
tu	te	yourself
você	se	yourself
ele/ela	se	himself/ herself
nós	**nos**	ourselves
a gente	se	"ourselves"
vocês	se	yourselves
eles/elas	se	themselves

Example:

Eu **me** sinto bem.

SER ou ESTAR – The verb TO BE

The verbs **estar** and **ser** both mean *to be*. Even though they can be translated as *be*, they are used in different contexts. **Estar** is generally used to express transitory states or physical qualities. **Ser** is used to say somebody's name, talk about personal and emotional characteristics, profession, and place of origin, personal relationships, and all traits that are somewhat permanent.

Estar	*Ser*
Eu estou na Alemanha.	Eu sou da Alemanha.
Tu estás na Austrália.	
Tu és da Austrália.	
Você está na Costa Rica.	Você é da Costa Rica.
Ela está na Argentina.	
Ela é da Argentina.	
Ele está na Croácia.	Ele é da Croácia.
Nós estamos na Romênia.	Nós somos da Romênia.
A gente está na Inglaterra.	A gente é da Inglaterra.
Eles estão na França.	Eles são da França.
Elas estão na Itália.	Elas são da Itália.

Presente simples – The simple present

The present tense is generally used to describe actions in the present or to talk about things that you/others do or do not do often. This tense can also be used to describe ongoing actions. In Portuguese the three groups/conjugations of verbs mostly used are : **–ar**, **–er**, **–ir**. To conjugate these verbs in the present you drop the terminations (i.e. **ar**) and add the suffixes shown below.

Sujeito	*Gostar*	*Comer*	*Assistir*
eu	gost**o**	com**o**	assist**o**
tu	gost**as**	com**es**	assist**es**

você/ele/ ela	gosta	come	assiste
a gente	gosta	come	assiste
nós	gostamos	comemos	assistimos
vocês/eles/ elas	gostam	comem	assistem

The verb **gostar** is always followed by the the preposition **de** and its variations (**do**, **da**, **dos**, **das**, **destes**, etc.).

Examples:

Eu gosto **de** dançar.

Eu gosto **de** + **o** João. Eu gosto **do** João.

Eles gostam *muito* **do** João.

Ela gosta **de** + **a** Maria. = Ela gosta **da** Maria.

Usually, if the verb **precisar** is followed by a noun (a pronoun, an adjective), the preposition **de** and variations (**do**, **da**, **dos**, **das**, **destes**, etc.) will be used between the verb and the nouns.

Example:

Eu preciso de você.

Ela precisa Ø falar com você.

Eles precisam [de+aqueles] daqueles livros.

Advérbio – The adverb

The adverb modifies verbs, adjectives, or other adverbs. Adverbs usually indicate manner, frequency, place, time, and doubt.

às vezes	sometimes
bem	well
com frequência	often

(continued)

(continued)

frequentemente	frequently
geralmente	usually
mal	badly
nunca	never
quase nunca	hardly ever, almost never
rápido	fast
raramente	rarely
sempre	always
somente	only

Verbos irregulares no presente – Common irregular verbs in the present

	Querer (to want)	Poder (to be able)	Ter (to have)	Ir (to go)
eu	**quero**	**posso**	**tenho**	**vou**
tu	queres	podes	tens	vais
voce/ele/ ela	quer	pode	tem	vai
nos	queremos	podemos	temos	vamos
a gente (=nos)	quer	pode	tem	vai
voces /eles/ elas	querem	podem	têm	vão

Presente contínuo – The present progressive

In Brazilian Portuguese, we use the present progressive to describe a continuous or ongoing action rather than at its end or beginning. This tense is formed with the present of the verb **estar** as an auxiliary verb + the principal verb (without the "r") + the suffix **–ndo**.

The meaning of **estar** with the gerund is identical to that of *be* plus gerund in English.

> **Example:** Eu falo. = Eu estou falando.

Pretérito perfeito – The simple past

The simple past is used to talk about completed actions in the past. All the regular verbs will have the same ending (suffix) when conjugated in the simple past. Look at the conjugation of the verbs **in the preterit** below:

	First conjugation	*Second conjugation*	*Third conjugation*
	convid**ar**	beb**er**	assist**ir**
eu	convid**ei**	beb**i**	assist**i**
tu	convid**aste**	beb**este**	assist**iste**
você/ele/ela	convid**ou**	beb**eu**	assist**iu**
nós	convid**amos**	beb**emos**	assist**imos**
a gente	convid**ou**	beb**eu**	assist**iu**
vocês/eles/elas	convid**aram**	beb**eram**	assist**iram**

Pretérito imperfeito – The imperfect

The imperfect is used to talk about actions where the beginning and the end are not explicitly marked, to describe habitual and continuous actions in the past or in descriptions, with concurrent actions and conditions, and to tell the time, talk about climate, age, and personal and physical descriptions of people, events and places in the past.

Regular verbs

	*Jog**ar***	*Pod**er***	*Part**ir***
eu	jog**ava**	pod**ia**	part**ia**
tu	jog**avas**	pod**ias**	part**ias**
			(continued)

(continued)

você/ele/ela	jogava	podia	partia
nós	jogávamos	podíamos	partíamos
a gente	jogava	podia	partia
vocês/eles/elas	jogavam	podiam	partiam

Irregular verbs

Among all the verbs, in the imperfect tense, there are only four irregular verbs.

	Ter	*Ser*	*Vir*	*Pôr*
eu	tinha	era	vinha	punha
tu	tinhas	eras	vinhas	punhas
você/ele/ela	tinha	era	vinha	punha
nós	tínhamos	éramos	vínhamos	púnhamos
a gente	tinha	era	vinha	punha
vocês/eles/elas	tinham	eram	vinham	punham

Futuro simples – The simple future

The simple future is mostly used in writing. In spoken Brazilian Portuguese, this tense appears in a more formal context. As mentioned above, in day-to-day communication Portuguese speakers tend to use the immediate future (Eu **vou fazer** – instead of Eu **farei**).

The conjugation of regular verbs in the simple future

	Jogar	*Poder*	*Partir*
eu	jogarei	poderei	Partirei
tu	jogarás	poderás	Partirás

você/ele/ela	jogará	poderá	Partirá
nós	jogaremos	poderemos	Partiremos
a gente	jogará	poderá	Partirá
vocês/eles/elas	jogarão	poderá	Partirá

There are only three irregular verbs in the simple future tense. To conjugate them, you simply replace z with r. Look at the table below.

The conjugation of irregular verbs in the simple future

	Trazer	*Fazer*	*Dizer*
eu	tra**Rei**	fa**Rei**	di**Rei**
tu	tra**rás**	fa**rás**	di**rás**
você/ele/ela	tra**rá**	fa**rá**	di**rá**
nós	tra**remos**	fa**remos**	di**remos**
a gente	tra**rá**	fa**rá**	di**rá**
vocês/eles/elas	tra**rão**	fa**rão**	di**rão**

O condicional – The conditional tense

The conditional tense is used to express desires, cordiality when making a request and conditions of future actions. It also express the good will of the agent. It is the equivalent of the English *I would go* (= Eu iria).

The conditional perfect uses the conditional of the verb **ter** + past participle, and it is the equivalent of the English *You would have …*

Example: Você teria chegado cedo. *You would have arrived early.*

There are only three irregular verbs in the conditional: **trazer** (**traria**), **fazer** (**faria**), **dizer** (**diria**). All other verbs are formed by adding the suffix –**ia** to the end of the verb.

eu	gostar**ia**
tu	gostar**ias**
ele/ela/você	gostar**a**
nós	gostar**íamos**
a gente	gostar**a**
eles/elas/vocês	gostar**iam**

O particípio – The participle

The participle is conjugated by dropping the endings –**ar**, –**er**, –**ir** and –**or**, and adding –ado,

Example: falar = falado

Some verbs have two forms for the participle. The regular is used to complement the auxiliary verbs **ter** and **haver**; the irregular form is used as an adjective and in the passive voice.

Examples:

Ele <u>tinha **abrido**</u> a porta.

A porta <u>está **aberta**.</u>

abrir	abrido	aberto
aceitar	aceitado	aceito
acender	aceso	acendido
eleger	elegido	eleito
entregar	entregado	entregue
escrever	escrevido	escrito
expresser	expressado	expresso
ganhar	ganhado	ganho
gastar	gastado	gasto
imprimir	imrpimido	impresso
isentar	isentado	isento

limpar	limpado	limpo
matar	matado	morto
morrer	morrido	morto
pagar	pagado	pago
pegar	pegado	pego
prender	prendido	preso
salvar	salvado	salvo
suspender	suspendido	suspenso

Presente, pretérito e futuro perfeito – The present, preterit and future perfect tenses

O presente perfeito (*present perfect*) is formed by the simple present of the verb **ter** + the main verb in the participle. It describes a condition or an action that started to happen in the past, and still happening.

Example:

Tenho andado triste. *I have been feeling sad.*

O pretérito mais que perfeito (*preterit perfect*) is formed by the imperfect of the verb **ter** + the main verb in the participle. It describes a past action inside other past actions. It has the same meaning as the pluperfect/past perfect.

Example:

Tinha chegado quando ele <u>telefonou.</u> *I had arrived when he called.*

O futuro perfeito (*future perfect*) is formed by the future of the verb **ter** + the main verb in the participle.

Example:

Terei terminado a tarefa quando ele <u>chegar.</u> *I will have finished the job when he arrives.*

O imperativo – The imperative form

The imperative is used to give orders and commands. Usually, this verb mode is not employed by Brazilians in colloquial contexts. To give orders or make suggestions the present or the conditional (indicative mode) are used instead.

Pay attention to the verb conjugations below.

Verbos regulares

	falar	*comer*	*assistir*
você/ele/ela	fale	coma	assista
vocês/eles/elas	falem	comam	assistam
nós	falemos	comamos	assistamos

Verbos irregulares

	ele /ela/você/a gente	*eles /elas/vocês*	*nós*
Dar	dê	deem	demos
Estar	esteja	estejam	estejamos
Fazer	faça	façam	Façamos
Ir	vá	vão	Vamos
Poder	possa	possam	Possamos
Ser	seja	sejam	Sejamos
Ter	tenha	tenham	Tenhamos
Trazer	traga	tragam	Tragamos

O presente do subjuntivo – The present subjunctive

The present subjunctive is used to express hypotheses, emotions, desires, actions that are open to doubts, and emotional responses in the present or near future. The verb is conjugated as in the imperative form. The structure of the subjunctive requires two dependent clauses.

Talvez eu vá!

Eu quero que ele **venha**.

O imperfeito do subjuntivo – The imperfect subjunctive

The use of the imperfect subjunctive is similar to the present subjunctive, but it indicates situations that are more remote and uncertain.

Conjugation

To conjugate the verb in the third-person plural of any verb in the preterit indicative, delete the ending **–eram**, and add the suffixes **–esse**, **–esse**, **–esse**, **–essem**, and **–éssemos** to the root. Example: tiv**eram**

eu	tiv**esse**
tu	Tiv**esse**
ele/ela/ você/ a gente	Tiv**esse**
eles/elas/ vocês	Tiv**essem**
nós	Tiv**éssemos**

Vir – vieram = **vie**

Example: Eu queria que eles **viessem**.

Notice that the verb of the first clause (querer = **queria**) is conjugated in the conditional. The impersonal phrases will also be conjugated in the imperfect.

Note that first person plural (nós) of any verb will always have an accent: **–ar** = á; **–er** = ê; **–ir** = í, **–or** = ô

Examples:

<u>Era</u> importante que **chegÁssemos** cedo.

<u>Era</u> primordial que não nos **esquecÊssemos** do seu aniversário.

<u>Era</u> vital que f**Ôssemos** ao seu aniversário.

Ele <u>pediu</u> que **partÍssemos** mais cedo.

O futuro do subjuntivo – The future subjunctive

The future subjunctive is the future tense of the subjunctive mood. We use this tense to express hypotheses, emotions and desires for the near future. It is widely used in both informal and formal contexts.

Conjugation

To conjugate the verb in the third-person plural of the preterit indicative, delete the ending –**am** to obtain the root for the conjugation of the future subjunctive.

(**Note:** In this tense, verb irregularity is the same as for the simple past indicative.)

Example: Ir/ser – Eles **foram** (third-person plural preterit indicative)

eu	for
tu	for**es**
ele/ela/você/a gente	for
eles/elas/você	for**em**
nós	for**mos**

O infinitivo – The infinitive

The infinitive (e.g. **acessar**, **buscar**, **checar**) is extensively used in Portuguese. There are two types of infinitive: personal and impersonal.

The impersonal infinitive[1] is a non-conjugated verb that ends in **r**. As pointed out by Perine (2001), the nominal character of the infinitive is a crucial to the use of the infinitive in Portuguese.

1 If the infinitive follows another verb, it may function as *an object*:

Quero [**acessar** a Net]. (*I want to access the internet.*)

2 It also appears as the *subject of the sentence*:

[**Checar** email] é um vício. (*Checking emails is a vice.*)

3 As a *complement of a preposition*:

Entro na internet [para **ler**] as notícias. (*I access the internet to read the news.*)

4 As a complement of the verb **ser**:

Meu intuito [é **espalhar**] as maravilhas da vida na rede.
(*My intention is to spread the wonders of life on the internet.*)

Expressions with the particle SE and terms associated with the weather are considered impersonal.

Examples:

Fala-se Português.

Chove muito em dezembro.

The personal infinitive is a unique feature of Portuguese. We use the modified (conjugated) infinitive verb to add more information about the subjects. **The personal infinitive** is used when it is imperative to mark its (understood) subject as a different form (usually the third- or first-person plural) from the subject of the main verb. It is never used without an explicit subject!

Compro o livro para eu ler.

Compro o livro para nós le**rmos**.

Compro o livro para eles ler**em**.

We also use the infinitive with the following expressions and prepositions:

É importante/É bom/É necessário/É triste/É crucial

Ao, Depois de, Antes de, Para (in order to), Sem

Conjugate the personal infinitive as follows:

	–ar	*–er*	*–ir*	*-or*
	Accessar	Fazer	Ir	*Pôr*
eu	acessar	fazer	ir	pôr
ele /ela/você/a gente	acessar	fazer	ir	pôr
eles /elas/vocês	acessar**em**	fazer**em**	ir**em**	por**em**
nós	acessar**mos**	fazer**mos**	ir**mos**	por**mos**

Note

1 Occasionally the infinitive will be used in Portuguese in the same way that the gerund is used in English.

English–Brazilian Portuguese glossary

Unit 1

basket	cesta
cell(jail)	xilindró (cadeia)
cheese	queijo
effect	efeito
finger	dedo
fright	susto
house	casa
ice	gelo
idea	ideia
judge	juiz
kiss	beijo
kiwi	kiwi
lemonade	limonada
mine	minha
obvious	óbvio
peace	paz
river	rio
see (imperative)	veja
snow	neve
this (masculine)	este
time	tempo
today	hoje
unique	único
web	rede

Unit 2

address	endereço
airplane	avião
blue	azul
bread	pão

cinema	cinema
dentist	dentista
difficult	difícil
easy	fácil
kind	gentil
light (car/sea)	farol
man	homem
manager	gerente
message	mensagem
message	recado
million	milhão
mother	mãe
nation	nação
nose	nariz
problem	problema
program	programa
rifle	fuzil
student	aluno
student	estudante
teacher	professor
trip	viagem
university	universidade
which	qual

Unit 3

after	depois
allergy	alergia
always	sempre
ask	pedir
ask a question	perguntar
beach	praia

beans	feijão	oven	forno
beer	cerveja	prefer	preferir
before	antes	react	reagir
behind	atrás	red meat	carne bovina
butter	manteiga	rice	arroz
calamari	lula	sauce	molhos
calculating	calculando	seafood	frutos do mar
can	poder	serve	servir
describe	descrever	side dishes	acompanhamento
dinner	jantar	sleep	dormir
eat	comer	snack bar	lanchonete
eggs	ovos	soda	refrigerante
every day	todo dia	sometimes	às vezes
fan	fã	spend	gasta
favorite	favorito	steak	bife
fish	peixe	strawberry	morango
fish stew	moqueca	try (food/	
fried	frito	clothing)	experimentar
go	ir	under	debaixo
grilled	grelhado	usually	geralmente
have	ter	vegetables	legumes
in front of	em/à frente de	wait (I wait)	espero
inside	dentro de	want	querer
know	conhecer	watch	assistir a (watch);
lie	mentir		assistir alguém
like	gostar		(assist, help)
listen	ouvir	watermelon	melancia
lose, waste,		with	com
miss	perder		
lunch	almoço	_Unit 4_	
meal	refeição		
measure	medida	alive	vivo
meet or find	encontra	already	já
milk	leite	brother in law	cunhado
never	nunca	buffet; catering	casa de festas
next to	ao lado	change/move	mudar
next to	ao lado	come	vir
obtain/get	conseguir	confirm	confirmar
on the left	à esquerda	confirm	confirmar
on the right	à direita	contract	contrato
on top of	em cima	cousin	prima
other	outro	cousin	primo
		date	data

event	evento	drink	beber
father in law	sogro	Easter	páscoa
grandfather	avô	Eve	véspera
grandmother	avó	fall	cair
grandparents	avós	forget	esquecer
great	ótimo	friend	amigo
great-		good	bom
grandmother	bisavó	holiday	feriado
great-		impress	impressionar
grandfather	bisavô	influenced	influenciou
have	ter	keep or save	guardar
invitation	convite	leave	partir
invite	convidar	lovely	amável
lively / fun		mean	mau
family	gente animada	of that	daquele
mother in law	sogra	play a game	
move	mudança	(or a sport)	jogar
parents	pais	put	pôr
read	ler	remember	lembrar
relatives	parentes	supporters	adeptos
send	enviar	ticket	passagem
sister in law	cunhada	travel	viajar
to move/to		trip	viagem
change	mudar	unforgettable	inesquecível
uncles	tios	yesterday	ontem
what / that	que		
who	quem		
work	traballhar		
work	traballhar		

Unit 6

ankle	tornozelo
back	costas
beard	barba

Unit 5

antique	antigo
believe	acreditar
carnival	carnaval
celebrated	comemorado
children	crianças
content	alegres
date	namorar
declaration	proclamação
disappear	desaparecer
vanish / get lost	sumir

belly	barriga
bellybutton	umbigo
break	quebrar
chest	peito
chin	queixo
classes	aulas
cold	gelado
cold	resfriado
cough drops	pastilha
doctor's office	consultório médico
ear	orelha

elbow	cotovelo	stretch	alongar
eyebrows	sobrancelha	swollen	inchado
eyes	olhos	take	levar
face	rosto	therapist	terapeuta
fat	gordo	throat	garganta
feel	sentir	toes	dedos do pé
feet	pés	waist	cintura
finger	dedos	well-being	bem-estar
foot	pé	without	sem
get better or			
get healthier	recuperar	*Unit 7*	
get up	levantar		
get, become		accomplish	cumprir
or stay	ficar	adventure	aventura
hand	mãos	agreed	combinado
head	cabeça	almost never	quase nunca
health	saúde	alone or lonely	sozinho(a)
healthy	saudável	always	sempre
heel	calcanhar	always	sempre
infected	inflamado	around	ao redor
insomnia	insônia	bad	mal
knee	joelho	badly	mal
lips	lábios	be surprised	surpreender
move	mexer	become	tornar
mustache	bigode	call oneself	chamar
nail	unha	care of oneself	cuidar
neck	pescoço	complain	queixar
nose	nariz	decisions	decisões
nurse	enfermeiro	dedicate	dedicar
ointment	pomada	depressed	deprimido
pain	dor	divorce	divorciar
pain killer	analgésico	each/every	todo
pills	comprimido	everything	tudo
rest	repousar	fast	rápido
review	rever	fast	rápido
run	correr	feed	alimentar
sick	doente	feel	sentir
sit	sentado	finish	acabar
skinny	magro	forget of	esquecer
sleepy	sono	frequently	frequentemente
sneeze	espirrar	get distracted	distrair
stomach	barriga	get used to	acostumar

give	dar	wrinkled	amarrotada
go to bed	deitar	you	tu
habits	hábitos	you	você
have fun, to		you (plural)	vocês
entertain			
oneself	divertir-se	*Unit 8*	
he	ele	any	nenhum
irritated	irritado	apartment	apartamento
job	emprego	availability	disponibilidade
lawyer	advogado	available	disponível
leave/abandon/		balcony	varanda
permit/allow	deixar	beach	praia
level	nível	bread and	
life	vida	breakfast	pousada
marry	casar	bring	trazer
modern	moderna	by foot	à pé
I	eu	cheap	barato
never	nunca	check out	saída
often	com frequência	coast line	litoral
only	somente	comfortable	aconchegante
put on clothes,		contact	contato
to dress		controlled	controlado
oneself	vestir	date	data
rarely	raramente	decide	decidir
relax	relaxar	decorated	decorados
schedule	horário	deposit	depósito
she	ela	desire	deseja
slow	devagar	do	fazer
sometimes	às vezes	double	duplo
stress	estresse	ecoturism	ecoturimo
take advantage		envolve	envolvem
of	aproveitar-se	far	longe
take out	tirar	foreigner	estrangeiro
task or		great	ótimos
homework	tarefa	group of people	turma
themselves	eles ou elas	guest	hóspede
tied	amarrada	have	possui
tight	apertado	husband	marido
usually	geralmente	ideal	ideais
we	a gente/nós	important	importante
well	bem	in love	apaixonado
work	trabalho		

include	inclui	shelter or hostel	albergue
independent	independente	smokers	fumantes
inn	pousada	standing	em pé
installments	parcela	stay in a hotel	hospedar
intimate	íntimo	strong	forte
know (a place		style	estilo
or a person)	conhecer	suitcase	mala
make a phone		talk	conversar
call or connect	ligar	tent	barraca
make a		theater	teatro
reservation	reservar	transfer	
maroons	quilombolas	(transportation)	traslado
measured	medido	transfer (i.e. bank	
moment	momento	transactions)	transferir
museum	museu	triple	triplo
nature	natureza	types	tipos
needed	necessário	urban	urbano
never	nunca	vacancy	vaga
next	próxima ou	yet	ainda
	seguinte		
north	norte	*Unit 9*	
offer	oferece		
outdoors	ao ar livre	a good deal	vantajoso
packet	pacote	acceptable	aceitável
pass or spend		advantage	vantagem
time	passar	airplane	avião
payment	pagamento	as many	tanto
plan	planejar	avoid	evitar
pool	piscina	be late	atrasar
preferred	preferidos	be useful	útil
promotions or		beat or hit	bater
sale	oferta ou	bike path	ciclovia
	promoção	boat	barco
psychic	cartomante	boring	chata
recreational	recreativo	Brazilian rum	cachaça
reservation	reserva	bus	ônibus
risk	risco	car	carro
romantic	romântico	card	cartão
round trip	ida e volta	change	troco
rural	rural	check or review	conferir
season	estação	client server	atendente
separated	separado	colision	colisão

colision	colisão	reasonable	razoável
community	comunidade	register	cadastrar
correct	correta	reimbursement	devolução
daily	diariamente	rental	locação
daily rate	diária	return	devolver
demand, enforce	exigir	ride	carona
disadvantage	disvantagem	rules	regras
document the		safe guard	segurança
return of a		safe	seguro
borrowed		same	mesmo
object	dar baixa	save	economizar
drive around	rodar	serve	servir
each	cada	single	solteiro
exhausted	exausto	so much	tanto ou demais
fines	multa	soon	breve
fire	incêndio	spare tire	estepe
flight	voo	spin	girar
flow	fluxo	spin	rodar
follow	seguir	steal	furto
forest	floresta	subway	metrô
garage	garagem	suggestion	sugestão
incorrect	incorreta	surrounds	arredores
injuries to third		take	pegar
parties	danos a terceiros	tank	tanque
inspection	vistoria	taxi	taxi
insurance	seguro	theft	roubo
jammed	congestionado	tickets	multa
kindness	gentileza	tire	pneu
last	durar	to/for	para
list	lista	to/for/per/	
look for	buscar ou	through/by	por
	procurar	tools	ferramenta
map	mapa	touristic	turísticos
me	mim	traffic	
mobility	locomoção	infractions	infrações
money	dinheiro	train	trem
morning	manhã	transportation	transporte
nausea	náusea	trunk of a	
next	próxima	vehicle	porta-malas
noticeable	notório	walk	caminhar
pick up	buscar	work	funcionar
punctual	pontual	wrong	errado

Unit 10

action	ação
baby	bebê
be out of order	esgotar
boyfriend	namorado
cancel	cancelar
cancel	cancelar
championship	campeonato
coach	treinador
commitment	compromisso
confirm	confirmar
coordinated	coordenadas
current	atualizado
dependent	dependente
desire	desejo
disappointed	decepcionada
drawing/raffle	sorteio
early	cedo
event	evento
exaggeration	exagero
fairs, festivals	festivais
fee	taxa
full or crowded	cheio
future	futuro
girlfriend	namorada
graduation	formatura
hypothesis	hipótese
inform or notify	avisar
invitation	convite
invite	convidar
keep company,	
accompany	acompanhar
learn	aprender
medals	medalhas
minute	minuto
note (noun)	bilhete ou
	anotação
note	notar
orchestra	orquestra
people	gente
presence	presença
respected	respeitada

response	resposta
rich	rico
rude	grosso
rudeness	grosseria
scientific	científico
tickets for	
events	ingressos
tip	dica
try	tentar
uncertainty	incerteza
volleyball	vôlei
wait	esperar
we	a gente
wedding	casamento
with me	comigo
worry	preocupar
yet	ainda

Unit 11

achieve	realizar
appropriate	apropriado
appropriated	propício
art	arte
autumn	outono
ball	bola
basket	cesta
basketball	basquete
climate	clima
cloudy	nublado
coat	casaco
cool	fresco
country	país
court	quadra
day off	folga
dress	vestir
dry	seco
emotions	emoções
extreme	extremo
fall	cair
foggy	com neblina
gelid	gélida
goal	traves

heating	aquecedor	cap	boné
hot	quente	cardigan	cardigã
icy	gelado	choose	escolher
luck	sorte	clothing	roupas
martial	marcial	colorful	colorido
net	rede	common	comum
north	norte	complaint	reclamação
northeast	nordeste	cotton	algodão
respective	respectivo	dark	escuro
short	bermuda	description	descrição
soccer	futebol	dirty	sujo
south	sul	disappearing	sumiço
southeast	sudeste	discount	desconto
spring	primavera	earing	brinco
summer	verão	effectively	devidamente
sunny	ensolarado	fault	culpa
sweater	agasalho	fill up	preencher
swim	natação	flip-flop	chinelo
take advantage		form	forma
of	aproveitar	form	formulário
temperature	temperatura	get lost	extraviar
tennis	tênis	glasses	óculos
thunder	trovão	glove	luva
type	modalidade	green	verde
umbrella	guarda-chuva	hat	chapéu
usually	habitualmente	he	ele
winter	inverno	high heels	salto alto
		him	a

Unit 12

		him	o
accessories	acessórios	I	eu
airline company	compahia aerea	information desk	balcão de
although	embora		informações
an/a	uma	instead of	ao invés de
an/a	um	large	grande
attach	anexar	leather	couro
backpack	mochila	light	claro
baggy	largo	linen	linho
belt	cinto	liquid	líquido
bikini	biquíni	list	listar
black	preto	look like/	
book	livro	resemble	parecer
boots	botas	lost	perdida

medium	médio	tissue	lenço
mine	minha	truth	verdade
miss	perder	try on clothing	provar
necklace	colar	ugly	feio
negative	negativo	underwear	
new	novo	(masc.)	cueca
number	enumerar	usnos	
old fashioned/		variations	variações
outdated	ultrapassado	vest	colete
orange	laranja	vowel	vogal
order	ordem	we	nós
pajama	pijama	white	branco
panty	calcinha	why	porque
person	pessoa	worn	usado
plaid	xadrez	wrinkled	amarrotado
plain	liso	written	escrita
prove	provar	yellow	amarela
receipt	recibo	you	tu
red	vermelho		
reimburse	reembolsar	*Unit 13*	
resistant	resistente		
ripped	rasgado	act	agir
rose	cor-de-rosa	add	acrescentar
satin/silk	seda	animal	animal
scarf	cachecol	appliance	eletrodoméstico
secret	segredo	attempt	tentative
she	ela	avoid	evitar
short	curto	bag	sacola
skirt	saia	bear	urso
small	pequeno	beer	cerveja
soon/therefore	logo	bill	conta
striped	listrado	carry	carregar
suitcase,		certainty	certeza
luggage	mala	chicken	frango
sunscreen	protetor solar	clay	cerâmica
supervisor	supersivor	command	ordem
t-shirt	camiseta	compound	composta
tag	etiqueta	concerns	preocupações
the	o (masc.)/a (fem.)	construction	construção
them	lhes	consumption	consumo
they	eles	cut	cortar
tight	apertado	deforestation	desmatamento

degrade	degradar	politician	politico
die	morrer	pollutant	poluente
diminish	diminuir	polute	poluir
dishes	louça ou vasilha	population	população
drought	seca	potato	batata
efficient	eficiente	promote	promover
electricity bill	conta de luz	public	pública
emit	emitir	quality	qualidade
endangered	extinção	recycle	reciclar
energy	energia	reduce	reduzir
environment	meio-ambiente	reuse	reutilizar
exchange	trocar	river	rio
expenses	gastos	scarcity/shortage	escassez
explain	explicar	sea	mar
express	expressar	solve	resolver
fabric	tecido	start	começar
frequently	frequentemente	supermarket	supermercado
fridge	geladeira	sustainable	sustentável
gasoline	gasolina	system	sistema
glass	copo	temper	amenizar
glass	vidro	third	terceira
global warming	aquecimento global	too much	demais
		toxic	tóxico
government	governo	turn off/ erase	apagar
horrible	terrível	use/utilize	utilizar
hydric	hídrica	water	água
initiative	iniciativa		

Unit 14

innumerous/ many	várias
irresponsible	irresponsável
last	durar
less	menos
light	luz
making	fabricação
milk	leite
natural	natural
often	frequentemente
packaging	embalagens
picker	catador
planet	planeta
plastic	plástico
policy	política

access	acessar
account	conta
accumulated	acumulado
addiction	dependência ou vício
almost	quase
answer	responder
attachment	arquivo (atachado) em anexo
attitude	atitude
attribute	atribuir
back up	fazer uma cópia de segurança (um back up)

blog	blogue / blog	Friday	sexta-feira
blogger	blogueiro	high	alta
boss	chefe	history	história
bother or bug	incomodar	homepage	homepage
browser	o navegador		(página rosto)
change	alterar	inform	informar
chat	bate-papo	informal	informal
chat	teclar ou bater-	instructed	instruída
	papo	intenet users	internautas
chat room	sala de bate-papo	internet	nete (internet)
check	checar	internet	internete
check	conferir ou checar	irritate	irritar
chores	afazeres	keyboard	teclado
clean	limpo	language	linguagem
computer	computador	lead	liderar
configure	configurar	life	vida
connect	conectar	link	link
connected	conectado	low	baixo
connection	conexão	malware	antivírus
data	dado	manner	modo
deal	lidar	message	mensagem
defensive	defensiva	mine	meu
depressed	deprimido	Monday	segunda-feira
device	dispositivo	mouse	mouse
disconnect	desconectar	need	precisar
discuss	discutir	laptop or	
disrupt or		notebook	
disturb	atrapalhar	computer	computador
disturbing	perturbante		portátil
divide	dividir	obtain/get	obter
download	baixar	office	escritório
email	correio eletrônico	our	nosso
empty	vazia	partner	perceiro
English	inglês	password	senha
enter	entrar	post/a post	postar/um post
exportation	exportação	print	imprimir
file	arquivo	printer	impressora
fill up	preencher	productivity	produtividade
flash drive	chavinha (uma	protocol	protocolo
	pen / pen drive)	provoke	provocar
follow	seguir	publish	publicar
following	seguinte	receive	receber

redefine	redefinir	Thursday	quinta-feira
reply	responder	tool	ferramenta
report	relatório	translate	tradução
request/ask for	solicitar	Tuesday	terça-feira
retrieve	recuperar	type	digitar
Saturday	sábado	verify	verficar
save	salvar	web, internet	rede (intenet)
screen	monitor	website	página da
search on the			internet
internet	fazer uma busca	website	site
send	enviar	Wednesday	quarta-feira
sender	remetente	while	enquanto
society	sociedade	woman (women)	mulher (mulheres)
solve	solucionar	write	escrever
someone	alguém	your	seu
Sunday	domingo	zip	arquivo
surf the internet	navegar		compactado
that	aquilo		(zipado)
there are	haver	zip a file	compactar / zipar
this	isso		um arquivo

Brazilian Portuguese–English glossary

Unit 1

beijo	kiss
casa	house
cesta	basket
dedo	finger
efeito	effect
este	this (masculine)
gelo	ice
hoje	today
ideia	idea
juiz	judge
kiwi	kiwi
limonada	lemonade
minha	mine
neve	snow
óbvio	obvious
paz	peace
queijo	cheese
rio	river
susto	fright
tempo	time
único	unique
veja	see (imperative)
web	rede
xilindró (cadeia)	cell (jail)

Unit 2

aluno	student
avião	airplane
azul	blue
cinema	cinema
dentista	dentist
difícil	difficult
endereço	address
estudante	student
fácil	easy
farol	light (car/sea)
fuzil	rifle
gentil	kind
gerente	manager
homem	man
mãe	mother
mensagem	message
milhão	million
nação	nation
nariz	nose
pão	bread
problema	problem
professor	teacher
programa	program
qual	which
recado	message
universidade	university
viagem	trip

Unit 3

a direita	on the right
a esquerda	on the left
acompanhamento	side dishes
alergia	allergy

antes	before	medida	measure
ao lado	next to	melancia	watermelon
arroz	rice	mentir	lie
às vezes	sometimes	molhos	sauce
assistir	watch	moqueca	fish stew
atras	behind	morango	strawberry
bife	steak	nunca	never
calculando	calculating	outro	other
carne bovina	red meat	ouvir	listen
cerveja	beer	ovos	eggs
com	with	pedir	ask
comer	eat	peixe	fish
conhecer	know	perder	lose, waste,
conseguir	obtain/get		miss
debaixo	under	perguntar	ask a question
dentro de	inside	poder	can
depois	after	praia	beach
descrever	describe	preferir	prefer
dormir	sleep	querer	want
em cima	on top of	reagir	react
em/a frente de	in front of	refeição	meal
encontra	meet or find	refrigerante	soda
espero	wait (I wait)	sempre	always
experimentar	try (food/	servir	serve
	clothing)	ter	have
fã	fan	todo dia	every day
favorito	favorite		
feijão	beans	*Unit 4*	
forno	oven	avó	grandmother
frito	fried	avô	grandfather
frutos do mar	seafood	avós	grandparents
gasta	spend	bisavó	great
geralmente	usually		grandmother
gostar	like	bisavô	great-
grelhado	grilled		grandfather
ir	go	casa de festas	buffet;
jantar	dinner		catering
lanchonete	snack bar	confirmar	confirm
legumes	vegetables	contrato	contract
leite	milk	convidar	invite
lula	calamari	convite	invitation
lunch	almoço	cunhada	sister in law
manteiga	butter	cunhado	brother in law

data	date	impressionar	impress
enviar	send	inesquecível	unforgettable
evento	event	influenciou	influenced
gente animada	lively/fun family	jogar	play a game or a sport
já	already	lembrar	remember
ler	read	mau	mean
mudança	move	namorar	date
mudar	change/move	ontem	yesterday
ótimo	great	partir	leave
pais	parents	Páscoa	Easter
parentes	relatives	passagem	ticket
prima	cousin	pôr	put
primo	cousin	proclamação	declaration
que	what/that	sumir	vanish/get lost
quem	who		
sogra	mother in law	véspera	eve
sogro	father in law	viagem	trip
ter	have	viajar	travel
tios	uncles		
traballhar	work		
vir	come		
vivo	alive		

Unit 5

acreditar	believe
adeptos	supporters
alegres	content
amável	lovely
amigo	friend
antigo	antique
beber	drink
bom	good
cair	fall
carnaval	carnival
comemorado	celebrated
crianças	children
daquele	of that
desaparecer	disappear
esquecer	forget
feriado	holiday
guardar	keep or save

Unit 6

alongar	stretch
analgésico	pain killer
aulas	classes
barba	beard
barriga	belly
barriga	stomach
bem-estar	well-being
bigode	mustache
cabeça	head
calcanhar	heel
cintura	waist
comprimido	pills
consultório médico	doctor's office
correr	run
costas	back
cotovelo	elbow
dedos	finger
dedos do pé	toes
doente	sick
dor	pain

enfermeiro	nurse	tornozelo	ankle
espirrar	sneeze	umbigo	bellybutton
ficar	get, become or stay	unha	nail
garganta	throat		
gelado	cold	*Unit 7*	
gordo	fat	a gente	we
inchado	swollen	acabar	finish
inflamado	infected	acostumar	get used to
insônia	insomnia	advogado	lawyer
joelho	knee	alimentar	feed
lábios	lips	amarrada	tied
levantar	get up	amarrotada	wrinkled
levar	take	ao redor	around
magro	skinny	apertado	tight
mãos	hand	aproveitar-se	take advantage of
mexer	move	às vezes	sometimes
nariz	nose	bem	well
olhos	eyes	casar	marry
orelha	ear	chamar	call oneself
pastilha	cough drops	com frequência	often
pé	foot	cuidar	care of oneself
peito	chest	cumprir	accomplish
pés	feet	dar	give
pescoço	neck	decisões	decisions
pomada	ointment	dedicar	dedicate
quebrar	break	deitar	go to bed
queixo	chin	deixar	leave/abandon/ permit/allow
recuperar	get better or get healthier	deprimido	depressed
repousar	rest	devagar	slow
resfriado	cold	distrair	get distracted
rever	review	divertir-se	have fun, to entertain oneself
rosto	face		
saudável	healthy	divorciar	divorce
saúde	health	ela	she
sem	without	ele	he
sentado	sit	eles ou elas	themselves
sentir	feel	emprego	job
sobrancelha	eyebrows	esquecer	forget of
sono	sleepy	estresse	stress
terapeuta	therapist		

eu	I
frequentemente	frequently
geralmente	usually
hábitos	habits
horário	schedule
irritado	irritated
mal	bad
mal	badly
moderna	modern
nível	level
nós	we
nunca	never
quase nunca	almost never
queixar	complain
rápido	fast
raramente	rarely
relaxar	relax
sempre	always
sentir	feel
somente	only
surpreender	be surprised
tarefa	homework or task
tirar	take out
todo	each/every
tornar	become
trabalho	work
tu	you
tudo	everything
vestir	put on clothes, to dress oneself
vida	life
você	you
vocês	you (plural)

Unit 8

à pé	by foot
aconchegante	comfortable
ainda	yet
albergue	shelter or hostel
ao ar livre	outdoors

apaixonado	in love
apartamento	apartment
aventura	adventure
barato	cheap
barraca	tent
cartomante	psychic
combinado	agreed
conhecer	know (a place or a person)
contato	contact
controlado	controlled
conversar	talk
data	date
decidir	decide
decorados	decorated
depósito	deposit
deseja	desire
disponibilidade	availability
disponível	available
duplo	double
ecoturimo	ecoturism
em pé	standing
envolvem	envolve
estação	season
estilo	style
estrangeiro	foreigner
fazer	do
forte	strong
fumantes	smokers
hospedar	stay in a hotel
hóspede	guest
ida e volta	round trip
ideais	ideal
importante	important
inclui	include
independente	independent
íntimo	intimate
ligar	make a phone call or connect
litoral	coast line
longe	far
mala	suitcase

marido	husband	transferir	transfer
medido	measured		(i.e. bank
momento	moment		transactions)
museu	museum	traslado	transfer
natureza	nature		(transportation)
necessário	needed	trazer	bring
nenhum	any	triplo	triple
norte	north	turma	group of
nunca	never		people
oferece	offer	urbano	urban
oferta ou		vaga	vacancy
promoção	promotions or	varanda	balcony
	sale		
ótimos	great	*Unit 9*	
pacote	packet	aceitável	acceptable
pagamento	payment	arredores	surrounds
parcela	installments	atendente	client server
passar	pass or spend	atrasar	be late
	time	avião	airplane
piscina	pool	barco	boat
planejar	plan	bater	beat or hit
possui	have	breve	soon
pousada	bread and	breve	brief
	breakfast	buscar	pick up
pousada	inn	buscar ou	
praia	beach	procurar	look for
preferidos	preferred	cachaça	Brazilian rum
próxima ou		cada	each
seguinte	next	cadastrar	register
quilombolas	maroons	caminhar	walk
recreativo	recreational	carona	ride
reserva	reservation	carro	car
reservar	make a	cartão	card
	reservation	chata	boring
risco	risk	ciclovia	bike path
romântico	romantic	colisão	colision
rural	rural	comunidade	community
saída	check out	conferir	check or review
separado	separated	congestionado	jammed
sozinho(a)	alone or lonely	correta	correct
teatro	theater	danos a terceiros	injuries to third
tipos	types		parties

dar baixa	document	ônibus	bus
	the return of	para	to/for
	a borrowed	pegar	take
	object	pneu	tire
devolução	reimbursement	pontual	punctual
devolver	return	por	to/for/per/
diária	daily rate		through/by
diariamente	daily	porta-malas	trunk of a
dinheiro	money		vehicle
disvantagem	disadvantage	próxima	next
durar	last	razoável	reasonable
economizar	save	regras	rules
errado	wrong	rodar	drive around
estepe	spare tire	rodar	spin
evitar	avoid	roubo	theft
exausto	exhausted	seguir	follow
exigir	demand,	segurança	safe guard
	enforce	seguro	safe
ferramenta	tools	seguro	insurance
floresta	forest	servir	serve
fluxo	flow	solteiro	single
funcionar	work	sugestão	suggestion
furto	steal	tanque	tank
garagem	garage	tanto	as many
gentileza	kindness	tanto ou demais	so much
girar	spin	taxi	taxi
incêndio	fire	transporte	transportation
incorreta	incorrect	trem	train
infrações	traffic	troco	change
	infractions	turísticos	touristic
lista	list	útil	be useful
locação	rental	vantagem	advantage
locomoção	mobility	vantajoso	a good deal
manhã	morning	vistoria	inspection
mapa	map	vistoria	inspection
mesmo	same	voo	flight
metrô	subway		
mim	me	*Unit 10*	
multa	fines		
multa	tickets	a gente	we
náusea	nausea	ação	action
notório	noticeable	acompanhar	keep company,
			accompany

ainda	yet	orquestra	orquestra
aprender	learn	preocupar	worry
atualizado	current	presença	presence
avisar	inform or notify	respeitada	respected
bebê	baby	resposta	response
bilhete ou		rico	rich
anotação	note (noun)	sorteio	drawing/raffle
campeonato	championship	taxa	fee
cancelar	cancel	tentar	try
casamento	wedding	treinador	coach
cedo	early	vôlei	volleyball
cheio	full or crowded		
científico	scientific	*Unit 11*	
comigo	with me	agasalho	sweater
compromisso	commitment	apropriado	appropriate
confirmar	confirm	aproveitar	take advantage
convidar	invite		of
convite	invitation	aquecedor	heating
coordenadas	coordinated	arte	art
decepcionada	disappointed	basquete	basketball
dependente	dependent	bermuda	short
desejo	desire	bola	ball
dica	tip	cair	fall
esgotar	be out of order	casaco	coat
esperar	wait	cesta	basket
evento	event	clima	climate
exagero	exaggeration	com neblina	foggy
festivais	fairs, festivals	emoções	emotions
formatura	graduation	ensolarado	sunny
futuro	future	extremo	extreme
gente	people	folga	day off
grosseria	rudeness	fresco	cool
grosso	rude	futebol	soccer
hipótese	hypothesis	gelado	icy
incerteza	uncertainty	gélida	gelid
ingressos	tickets for	guarda-chuva	umbrella
	events	habitualmente	usually
medalhas	medals	inverno	winter
minuto	minute	marcial	martial
namorada	girlfriend	modalidade	type
namorado	boyfriend	natação	swim
notar	note	nordeste	northeast

norte	north	cardigã	cardigan
nublado	cloudy	chapéu	hat
outono	autumn	chinelo	flip-flop
país	country	cinto	belt
primavera	spring	claro	light
propício	appropriated	colar	necklace
quadra	court	colete	vest
quente	hot	colorido	colorful
realizar	achieve	compahia aerea	airline
rede	net		company
respectivo	respective	comum	common
seco	dry	cor-de-rosa	rose
sorte	luck	couro	leather
sudeste	southeast	cueca	underwear
sul	south		(masc.)
temperatura	temperature	culpa	fault
tênis	tennis	curto	short
traves	goal	desconto	discount
trovão	thunder	descrição	description
verão	summer	devidamente	effectively
vestir	dress	ela	she
		ele	he

Unit 12

		eles	they
a	him	embora	although
acessórios	accessories	enumerar	number
algodão	cotton	escolher	choose
amarela	yellow	escrita	written
amarrotado	wrinkled	escuro	dark
anexar	attach	etiqueta	tag
ao invés de	instead of	eu	I
apertado	tight	extraviar	get lost,
balcão de		feio	ugly
informações	information	forma	form
	desk	formulário	form
biquíni	bikini	formulário	form
boné	cap	grande	large
botas	boots	laranja	orange
branco	white	largo	baggy
brinco	earing	lenço	tissue
cachecol	scarf	lhes	them
calcinha	panty	linho	linen
camiseta	t-shirt	líquido	liquid

liso	plain	sujo	dirty
listar	list	sumiço	disappearing
listrado	striped	supersivor	supervisor
livro	book	tu	you
logo	soon/therefore	ultrapassado	old fashioned/
luva	glove		outdated
mala	suitcase,	um	an/a
	luggage	uma	an/a
médio	medium	usado	worn
minha	mine	variações	variations
mochila	backpack	verdade	truth
negativo	negative	verde	green
nos	us	vermelho	red
nós	we	vogal	vowel
novo	new	xadrez	plaid
o	him		
o (masc.)/a (fem.)	the	*Unit 13*	
óculos	glasses		
ordem	order	acrescentar	add
parecer	look like/	agir	act
	resemble	água	water
pequeno	small	amenizar	temper
perder	miss	animal	animal
perdida	lost	apagar	turn off/erase
pessoa	person	aquecimento	
pijama	pajama	global	global warming
porque	why	batata	potato
preencher	fill up	carregar	carry
preto	black	catador	picker
protetor solar	sunscreen	cerâmica	clay
provar	prove	certeza	certainty
provar	try on clothing	cerveja	beer
rasgado	ripped	começar	start
recibo	receipt	composta	compound
reclamação	complaint	construção	construction
reembolsar	reimburse	consumo	consumption
resistente	resistant	conta	bill
roupas	clothing	conta de luz	electricity bill
saia	skirt	copo	glass
salto alto	high heels	cortar	cut
seda	satin/silk	degradar	degrade
segredo	secret	demais	too much
		desmatamento	deforestation

diminuir	diminish	promover	promote
durar	last	pública	public
eficiente	efficient	qualidade	quality
eletrodoméstico	appliance	reciclar	recycle
embalagens	packaging	reduzir	reduce
emitir	emit	resolver	solve
energia	energy	reutilizar	reuse
escassez	scarcity/	rio	river
	shortage	sacola	bag
evitar	avoid	seca	drought
explicar	explain	sistema	system
expressar	express	supermercado	supermarket
extinção	endangered	sustentável	sustainable
fabricação	making	tecido	fabric
frango	chicken	tentative	attempt
frequentemente	frequently	terceira	third
frequentemente	often	terrível	horrible
gasolina	gasoline	tóxico	toxic
gastos	expenses	trocar	exchange
geladeira	fridge	urso	bear
governo	government	utilizar	use/utilize
hídrica	hydric	várias	innumerous/
iniciativa	initiative		many
irresponsável	irresponsible	vidro	glass
leite	milk		
louça ou		*Unit 14*	
vasilha	dishes		
luz	light	acessar	access
mar	sea	acumulado	accumulated
meio-ambiente	environment	afazeres	chores
menos	less	alguém	someone
morrer	die	alta	high
natural	natural	alterar	change
ordem	command	antivírus	malware
planeta	planet	aquilo	that
plástico	plastic	arquivo	file
política	policy	arquivo (atachado)	
politico	politician	em anexo	attachment
poluente	pollutant	arquivo	
poluir	pollute	compactado	
população	population	(zipado)	zip
preocupações	concerns	atitude	attitude

atrapalhar	disrupt or disturb	exportação	exportation
atribuir	attribute	fazer uma busca	search on the internet
baixar	download	fazer uma cópia	
baixo	low	de segurança	
bate-papo	chat	(um back up)	back up
blogue/blog	blog	ferramenta	tool
blogueiro	blogger	haver	there are
chavinha (uma		história	history
pen/pen drive)	flash drive	homepage	
checar	check	(página rosto)	homepage
chefe	boss	impressora	printer
compactar/zipar		imprimir	print
um arquivo	zip a file	incomodar	bother or bug
computador	computer	informal	informal
computador		informar	inform
portátil	laptop or notebook computer	inglês	english
		instruída	instructed
		internautas	intenet users
conectado	connected	internete	internet
conectar	connect	irritar	irritate
conexão	connection	isso	this
conferir ou checar	check	lidar	deal
configurar	configurate	liderar	lead
conta	account	limpo	clean
correio eletrônico	email	linguagem	language
dado	data	link	link
defensiva	defensive	mensagem	message
dependência		meu	mine
ou vício	addiction	modo	manner
deprimido	depressed	monitor	screen
desconectar	disconnect	mouse	mouse
digitar	type	mulher(mulheres)	woman (women)
discutir	discuss		
dispositivo	device	navegar	surf the internet
dividir	divide	nete (internet)	internet
domingo	Sunday	nosso	our
enquanto	while	o navegador	browser
entrar	enter	obter	obtain/get
enviar	send	página da internet	website
escrever	write	perceiro	partner
escritório	office	perturbante	disturbing

postar/um post	post/a post	salvar	save
precisar	need	seguinte	following
preencher	fill up	seguir	follow
produtividade	productivity	segunda-feira	Monday
protocolo	protocol	senha	password
provocar	provoke	seu	your
publicar	publish	sexta-feira	Friday
quarta-feira	Wednesday	site	website
quase	almost	sociedade	society
quinta-feira	Thursday	solicitar	request/ask
receber	receive		for
recuperar	retrieve	solucionar	solve
rede (intenet)	web, internet	teclado	keyboard
redefinir	redefine	teclar ou bater-	
relatório	report	papo	chat
remetente	sender	terça-feira	Tuesday
responder	answer	tradução	translate
responder	reply	vazia	empty
sábado	Saturday	verficar	verify
sala de bate-papo	chat room	vida	life

Audio track listing

All audio tracks referenced within the text are free to stream or download from www.routledge.com/cw/colloquials. If you experience any difficulties accessing the audio on the companion website, or still require to purchase a CD, please contact our customer services team through www.routledge.com/info/contact.

Audio 1

Introduction

1. Introduction
2. The alphabet
3. Special letters and consonantal combinations
4. Consonants
5. Vowels

Unit 1

6. Dialogue 1
7. Dialogue 2
8. Exercise 2
9. Dialogue 3
10. Dialogue 4
11. Dialogue 5
12. Countries and nationalities
13. Exercise 12

Unit 2

14. Dialogue 1
15. Dialogue 2
16. Numbers 1-100
17. Exercise 1
18. Dialogue 3
19. Months of the year
20. What day is today?
21. Exercise 7
22. Dialogue 4
23. Exercise 8
24. Describing people
25. Personalities
26. Dialogue 5

Unit 3

27. Dialogue 1
28. Exercise 6

Unit 11

27. Describing a vacation
28. Exercise 8

Unit 12

29. Dialogue 1
30. Dialogue 2
31. Exercise 5
32. Dialogue 3
33. Items of clothing
34. Exercise 9
35. Dialogue 4
36. Exercise 12

Unit 13

37. Dialogue 1
38. Exercise 5
39. Exercise 10
40. Dialogue 2

Unit 14

41. Exercise 5
42. The Internet
43. Exercise 7
44. End

Speakers: Andrea F. Costa, Maressa Duarte, Edinaldo do Espirito Santo and Renato Moraes Machado (also Narrator)

Index

Taylor & Francis eBooks

Helping you to choose the right eBooks for your Library

Add Routledge titles to your library's digital collection today. Taylor and Francis ebooks contains over 50,000 titles in the Humanities, Social Sciences, Behavioural Sciences, Built Environment and Law.

Choose from a range of subject packages or create your own!

Benefits for you

>> Free MARC records
>> COUNTER-compliant usage statistics
>> Flexible purchase and pricing options
>> All titles DRM-free.

REQUEST YOUR FREE INSTITUTIONAL TRIAL TODAY

Free Trials Available
We offer free trials to qualifying academic, corporate and government customers.

Benefits for your user

>> Off-site, anytime access via Athens or referring URL
>> Print or copy pages or chapters
>> Full content search
>> Bookmark, highlight and annotate text
>> Access to thousands of pages of quality research at the click of a button.

eCollections – Choose from over 30 subject eCollections, including:

Archaeology	Language Learning
Architecture	Law
Asian Studies	Literature
Business & Management	Media & Communication
Classical Studies	Middle East Studies
Construction	Music
Creative & Media Arts	Philosophy
Criminology & Criminal Justice	Planning
Economics	Politics
Education	Psychology & Mental Health
Energy	Religion
Engineering	Security
English Language & Linguistics	Social Work
Environment & Sustainability	Sociology
Geography	Sport
Health Studies	Theatre & Performance
History	Tourism, Hospitality & Events

For more information, pricing enquiries or to order a free trial, please contact your local sales team:
www.tandfebooks.com/page/sales

Routledge
Taylor & Francis Group

The home of
Routledge books

www.tandfebooks.com